Unmaßgebliche Kosten für eine wirckliche
Jahrmusic in jegend einer Hauptkirche:

9. Sänger — — — — — — — 9. ℜ.
8. Rathsmusicanten — — — 8.
5. Trompeter u. ein Paucker — 6.
2. Waytsstauden — — — — — 2.
1. Rollenbrüder — — — — — 1.
Mongol, der jüngere — — — 1.
Der Calcant — — — — — — 1.
                         ─────
                         28. ℜ.

Für die Ausführung begehre ich nichts, wol
aber für Verrichtung meiner sonst gewöhnlich
und itzo vorfallenden Musicstrapaze 5. Rℜ.
wobey anheim stelle, ob dieses Geld von der
Kirche, oder von E. König. zu bezahlen sey.
Hamburg d. 30. Oct.
1748.   Telemann.

Eckart Kleßmann

Telemann in Hamburg

1721–1767

Hoffmann und Campe

CIP-Kurztitelaufnahme der Deutschen Bibliothek
Klessmann, Eckart:
Telemann in Hamburg: 1721–1767 / Eckart Klessmann. –
1. Aufl. – Hamburg: Hoffmann und Campe, 1980
ISBN 3-455-03765-8

© *Hoffmann und Campe Verlag, Hamburg 1980*
Umschlag- und Einbandgestaltung Werner Rebhuhn
Gesetzt aus der Garamond-Antiqua
Satzherstellung Otto Gutfreund, Darmstadt
Druck und Bindung Welsermühl, Wels
Printed in Austria

Inhalt

Die Berufung (1681–1721) 9
Das neue Amt (1721–1737) 35
Die Reise nach Paris (1737/1738) 82
Auf der Höhe des Ruhms (1738–1759) 91
Die letzten Jahre (1759–1767) 132
Der Nachruhm 146
Anmerkungen 169
Telemann-Chronik 1721–1767 181
Bibliographie 234
Personenregister 244

Darum sage ich, daß nichts bessers ist, denn daß ein Mensch frölich sey in seiner Arbeit, denn das ist sein Theil. Denn wer will ihn dahin bringen, daß er sehe, was nach ihm geschehen wird.
                    DER PREDIGER SALOMO

Aber wer ist der Greis, der mit der leichtesten Feder,
Voll vom heiligen Feuer, den staunenden Tempel entzücket?
Höre! wie rauschen die Wogen des Meers; wie jauchzen die Berge
Und das Land dem Herrn! Wie füllt mit heiligem Schauer
Ein harmonisches Amen die fromme Seele! Wie zittert
Von dem wahren erhabenen Hallelujah der Tempel!
Telemann, niemand als du, du Vater der heiligen Tonkunst,
Dessen prächtgen Gesang der Gallier selber bewundert,
Kann mit irdischen Tönen die Chöre der Engel entzücken.
                    Friedrich Wilhelm Zachariae
                    DIE TAGESZEITEN *(1755)*

Allein Music kennt nichts als lauter Güte.
                    Georg Philipp Telemann

Die Berufung
(1681–1721)

Am 10. Juli 1721 wählte der Rat der Stadt Hamburg Georg Philipp Telemann zum städtischen Musikdirektor und Kantor am Johanneum, der angesehensten Schule der freien Reichsstadt. Zwei einflußreiche Hamburger dürften Telemann als Nachfolger des am 10. April verstorbenen Kantors Joachim Gerstenbüttel empfohlen haben: der Ratsherr Barthold Hinrich Brockes und der Hauptpastor von St. Jacobi, Erdmann Neumeister. Beide spielten nicht nur im öffentlichen Leben Hamburgs eine bedeutende Rolle, sie waren mit Telemann auch seit einigen Jahren als Textdichter seiner Musik verbunden. Von Brokkes (ausgesprochen: Brooks) hatte der seit 1712 in Frankfurt am Main als Kirchenmusikdirektor wirkende Musiker eine Passion und zwei Frühlingskantaten vertont, von Neumeister, einem Reformer der evangelischen Kirchenkantate, mehrere Kantatentexte. Telemanns Komposition von Brockes' Passionstext, den auch Johann Sebastian Bach für seine Johannes-Passion benutzte, erklang in Hamburg erstmals am 4. April 1719 bei einer Aufführung im Dom und wurde wiederholt am 21. März 1720 im

Drillhaus des Hamburger Bürgermilitärs, das auch Konzertaufführungen diente. Die beiden Frühlingskantaten des Ratsherrn (Senators) waren 1720 *»von einigen Hrn. Liebhabern der Music auf der Alster aufgeführet«* worden und in Hamburg sehr populär.

Auch dem Hamburger Opernpublikum war Telemann bekannt. Hatte man doch im Opernhaus am Gänsemarkt erst vor einem halben Jahr die komische Oper DER GEDULDIGE SOKRATES uraufgeführt, und es scheint so, als sei Telemann sogar bei der Premiere am 28. Januar 1721 zugegen gewesen. Und als man drei Tage vor seiner Wahl Giuseppe Maria Orlandinis ULYSSES gab, hatte Telemann zu dieser Aufführung, durchaus dem Brauch der Zeit entsprechend, deutsche Arien und Rezitative aus seiner Feder dazu beigesteuert. Aber das allein hätte die Hamburger noch nicht bewogen, den Frankfurter Kirchenmusikdirektor zu berufen. Der Grund war vielmehr: Der vierzigjährige Komponist galt als eine Zelebrität, als der berühmteste deutsche Musiker, dessen Ruf längst über die Grenzen ins Ausland gedrungen war.

Telemann stammte aus Magdeburg. Er war dort am 14. März 1681 als Sohn eines Predigers zur Welt gekommen und hatte schon als Kind eine ungewöhnliche musikalische Begabung gezeigt. Die Mutter – der Vater war früh gestorben – sah diese Neigung des Sohnes mit Unbehagen. Musiker standen damals auf der sozialen Skala weit unten; jahrhundertelang hatten sie meist als »unehrliche Leute« gegolten, und auch die bei einem Fürsten beschäftigten hatten den Rang von Lakaien. Natürlich, daß ein Bürger ein wenig im Gesang oder auf einem Instrument dilettierte, sah man nicht ungern, und ein wenig Musik gehörte auch zum Erziehungsprogramm; aber daraus einen Beruf fürs Leben zu machen – Gott behüte! So richtig aufgeschreckt wurde die Mutter aber, als der zwölfjährige Georg Philipp eines Tages mit einer richtigen Oper herausrückte, die er selbst vertont hatte und deren Hauptpart er sang (übrigens ein aus Hamburg stammendes Libretto: SIGISMUNDUS). Jetzt, so fand die Verwandtschaft, müsse etwas geschehen. *»Ich würde ein Gauckler, Seiltäntzer, Spielmann, Murmelthierführer etc. werden, wenn mir die Musik nicht entzogen würde. Gesagt, gethan! Mir wurden Noten, Instrumente, und mit ihnen das halbe Leben genommen.«* So erinnerte sich Telemann 1739. Das Erstaunliche an diesem Kind: Es hatte bislang keinen Unterricht gehabt, es lernte alles von selbst und in kürzester Zeit und spielte, ohne Noten lesen zu können, geläufig bereits *»die Violine, Flöte und Cither«*. Nach vierzehn Tagen Klavierunterricht hatte der junge Georg Philipp von seinem ihn langweilenden Lehrer genug; alles weitere lernte er allein in wenigen Wochen. Diese Fertigkeiten hätte man ja noch hingehen lassen, aber *»in meinem Kopffe spuckten schon muntrere Töngens, als ich hier hörte«*, und das eben war zuviel.

Zur weiteren Ausbildung und vor allem zur Musik-Entziehung wurde der Dreizehnjährige nach Zellerfeld im Harz geschickt, *»weil meine Notentyrannen vielleicht glaubten, hinterm Blockberge duldeten die Hexen keine Musik«*. Aber sie duldeten sehr wohl: Als eines Tages eine Festmusik anstand, fügte es sich überaus günstig, daß den Kantor das Podagra aufs Lager warf, ehe er die Musik hatte schreiben können. Daraufhin versah der junge Telemann nicht nur das Amt des Komponisten, sondern auch das des Dirigenten, wobei der Junge auf ein Bänkchen klettern mußte, damit ihn die Musiker überhaupt sehen konnten. Die Begeisterung der Zellerfelder Bergarbeiter über ihr Wunderkind war über alle Maßen; mit dem Ruf »*Du kleiner, artiger Boß!*« (das Wort gab es also damals schon) trugen sie ihn nach der Aufführung auf ihren Schultern nach Haus.

Von nun an komponierte und musizierte der Junge, gefördert von seinem verständnisvollen Lateinlehrer, ohne Unterlaß. Er schrieb für die Kirche, er schrieb gesellige Tafelmusiken. Auch in Hildesheim, wohin man Telemann nach vier Jahren schickte, komponierte der Schüler weiter; zum Beispiel setzte er eine gereimte Geographie seines Direktors Losius in Musik, die früheste Komposition Telemanns, die uns überliefert ist. Und weil es sich gerade so fügte, lernte der hochbegabte Knabe so ganz nebenbei auch noch etliche Instrumente spielen, neben den schon genannten noch Oboe, Querflöte, Chalumeau (ein Vorläufer der Klarinette), Gambe, Kontrabaß und Posaune. Und nicht zu vergessen: Lateinisch, französisch und italienisch sprach er fließend.

Die Magdeburger Verwandtschaft erfuhr nicht, was sich da entwickelte. Telemann gab sich als fügsamer Sohn und begann als Zwanzigjähriger mit dem Studium der Jurisprudenz in Leipzig. Aber auch hier gewann die Musik in Kürze die Oberhand: Telemann schrieb für die Leipziger Oper, er schrieb für den sonntäglichen Gottesdienst, und da der Erfolg sich augenblicklich einstellte, so daß ihn die Musik allmählich ganz beanspruchte, beichtete er eines Tages der Mutter, was geschehen war. Die gute Frau konnte nun schlecht ihren Segen dem verweigern, was von höhernorts sichtlich gesegnet worden war, zumal der Sohn ja auch gesellschaftliche Reputation vorweisen konnte. So begann Telemanns steile Karriere.

Beim Grafen Promnitz im schlesischen Sorau wurde er 1704 Kapellmeister. Er machte sich mit dem Land vertraut und unternahm Reisen bis nach Krakau; hier erfuhr er das, was man heute gern ein Schlüsselerlebnis nennt: Er lernte »*die polnische und hanakische Musik in ihrer wahren barbarischen Schönheit kennen*«. Nicht durch Noten, nicht bei Hofe – Telemann suchte die Musik »*in gemeinen Wirthshäusern*« auf: »*Man sollte kaum glauben, was dergleichen Bockpfeiffer oder Geiger für wunderbare Einfälle haben, wenn sie, so offt die Tanzenden ruhen, fantaisieren. Ein Aufmerckender könnte von ihnen, in 8 Tagen, Gedancken für ein gantzes Leben erschnappen.*«

Wen er damit meinte, war 1740, als diese Sätze veröffentlicht wurden, jedem Musikkenner klar. Wohl hatten schon andere Komponisten vor ihm Folklore in ihr Werk eingebracht, und viele würden es nach ihm tun; aber vermutlich hat kaum ein Komponist vor Béla Bartók in einem solchen Maße sein kompositorisches Schaffen folkloristisch gespeist wie Telemann. Bis ins Werk seiner letzten Lebensjahre begegnen wir immer wieder den Reminiszenzen kräftiger slawischer Volksmusik. Aber die Anregungen kamen nicht nur von Polen und Hanaken (eine Volksgruppe in Mähren): Elemente italienischer und spanischer, korsischer und französischer, britischer und skandinavischer Musik sind beigemischt; vielleicht machte das den Komponisten in ganz Europa so beliebt.

Telemann verließ Sorau nach vier Jahren und wurde Konzertmeister am Hof von Eisenach (wo er auch als Gesangssolist auftrat), blieb aber auch hier nur vier Jahre und folgte 1712 einer Berufung nach Frankfurt am Main. Er war ein guter Rechner, und er rechnete so: In Frankfurt bezahlte man ihm ein Jahresgehalt von 1600 Gulden, für seine Weiterbeschäftigung am Eisenacher Hof bekam er 200 Reichstaler, und schließlich ließ er sich auch noch vom Hof in Gotha mit 500 Reichstalern besolden, nicht eingerechnet die damals üblichen Naturalien, die zum Gehalt gehörten und für Gotha »*2 Malter Weitzen, 12 Malter Korn, 12 Malter Gersten und 12 Claffter Holtz*« ausmachten. Eigens bestellte Tafelmusiken und Unterrichtsstunden brachten ein übriges. Dies sei darum erwähnt, weil das Geld in den Hamburger Jahren Telemann noch unangenehm beschäftigen sollte.

In Frankfurt versorgte er (wie in Eisenach) den Gottesdienst regelmäßig mit Kantaten und schrieb Festmusiken aller Art. Auch führte er hier den

Brauch ein, daß jeder Besucher seiner Passionsmusiken ein gedrucktes Textheft* vorher kaufen mußte, wenn er eingelassen werden wollte (was zusätzliches Honorar brachte). Als er in Frankfurt die Brockes-Passion uraufführte, vermerkte der Komponist befriedigt, *»daß die Kirchenthüren mit Wachen besetzt waren, die keinen hineinließ, der nicht mit einem gedruckten Exemplar der Passion erschien«*. In Frankfurt wurden auch seine ersten Werke gedruckt: 6 Sonaten, 6 Sonatinen, 6 Trios und die KLEINE CAMMER-MUSIC (1716), bestehend aus 6 Partiten für verschiedene Instrumente. Die anderen Kompositionen Telemanns wurden, wie damals allgemein üblich, durch Abschriften verbreitet.

Man sieht: Der vierzigjährige Telemann war ein gestandener Musiker von hohem Ansehen, als ihn das Hamburger Angebot erreichte. Eigentlich war er in Frankfurt ganz glücklich. Als er die Stelle eines Hofbediensteten 1712 mit dem Posten eines städtischen Angestellten vertauschte, wußte er, warum er das tat. Damals hörte er, so erinnerte er sich später: *»Wer Zeit Lebens fest sitzen wolle, müsse sich in einer Republick niederlassen.«* Nun galt es, eine Republik gegen eine andere zu wechseln. Warum Hamburg?

Nun, die Hansestadt genoß damals den Ruf, die musikliebendste Stadt des Heiligen Römischen Reiches Deutscher Nation zu sein, und dieser Ruf war wohl begründet.

Hamburg hatte sich die Musik immer einiges ko-

---

* Ein Sternchen verweist auf die Anmerkungen ab S. 169.

sten lassen, und es bleibt eigentlich ein Rätsel, warum dieses Gemeinwesen streng geschäftlich denkender Kaufleute zwar stets knauserte, wenn es um Dichtung oder bildende Kunst ging, aber meist recht spendabel war, wenn es galt, die Musik nach Kräften zu befördern.

So leistete sich die Stadt im 17. Jahrhundert acht städtisch besoldete Ratsmusikanten, denen zwei »Expectanten« (Anwärter) beigesellt waren, die bei einem Todesfall nachrückten. Hinzu kamen fünfzehn »Rollbrüder« (sie hießen so, weil ihre Befugnisse und Gesetze auf einer Rolle aufgezeichnet waren), die – wie die Expectanten – den Ratsmusikanten unterstellt waren. Sie hatten dann einzuspringen, wenn einmal Not am Mann war, unbeschadet etwaiger anderer Verpflichtungen. Ihre Anzahl wurde 1610 festgesetzt. Waren unter ihnen besonders begabte Musiker, so konnte der Rat ihre Zahl auch erhöhen. Und dann gab es noch (seit 1691) die »Grünrollmusikanten«, Musiker, die nicht einer Zunft angehörten. Sie hatten vom Rat das Privileg, in den Vorstädten zum Tanz aufzuspielen und bei den Frühlings- und Sommerfesten der Schulen und des Waisenhauses mitzuwirken. Da sich diese Tätigkeit meist im Grünen abspielte, waren sie eben die Grünrollmusikanten. Diese Leute waren meist Handwerker und betrieben die Musik als Nebentätigkeit. Und so, wie die Rollbrüder bei den Ratsmusikanten aushilfsweise einspringen mußten, wurde ein gleiches von den Grünen als Aushilfe bei den Rollbrüdern verlangt.

Damit verfügte Hamburg zu Beginn des 17. Jahrhunderts über 25 organisierte Musiker, mehr als in den anderen deutschen freien Reichsstädten, in denen ja keine Hofkapellen existierten. Und so gut war der Ruf der Hamburger Musikanten, daß sie zuweilen auch auf Wunsch ausgeliehen wurden, so an den Hof von Schwerin, so an den Hof von Kopenhagen. Vom Rat besoldet aber wurden nur die Ratsmusikanten und ihre Expectanten, denen die Turmbläser angeschlossen waren, die ihrerseits aber von den Kirchen bezahlt wurden. Die Rollbrüder und die Grünrollmusikanten verdienten ihr Geld durch Aufspielen bei Festlichkeiten aller Art, besonders Hochzeiten, bei denen die musikalische Ausgestaltung und die Bezahlung der Musiker bis ins Detail durch ein Gesetz geregelt waren.

Als ganz selbstverständlich galt, daß Ratsmusikanten und Rollbrüder mehrere Streich- und Blasinstrumente beherrschten. Nur die Trompeter – seit je eine elitäre Zunft – durften die Türmer stellen, und ihnen war bei festlichen Anlässen in Hamburg ein besonderer Brauch vorbehalten. Galt es nämlich, ein ungewöhnliches Ereignis zu feiern, so mußte von den Türmen geblasen werden.

So geschah es etwa am 22. Oktober 1648 und am 15. September 1650 aus Anlaß der Verkündung des Westfälischen Friedens, wo *»von dem Dom und St. Jacobi Thurm und hernächst von Nikolai und Catharinen Thurm unter Trompeten- und Paukenschall vortrefflich geblasen«* wurde; offenbar in reicher Besetzung, denn 1650 *»ließen sich auf allen Thürmen*

Trompetten, Dulcianen, Bassaunen und Zinken hören«.

Über soviel Trompetenschall sei aber nicht vergessen, daß die eigentliche Liebe der musikalischen Hamburger im 17. Jahrhundert dem Streicherklang galt, besonders dem Wohllaut eines Gamben-Ensembles. Das war gut britische Tradition, und da man sich in Hamburg England und dessen damals in Blüte stehendem Musikleben besonders verbunden wußte, ist es denn auch gar kein Zufall, daß gerade englische Meister ihre Werke in Hamburg veröffentlichen – durch Engländer. So druckte der längere Zeit in der Hansestadt lebende Engländer Thomas Simpson Gambenmusik seines großen Landsmanns John Dowland hier 1610 und 1621. Und kein Hamburger fand etwas dabei, daß der britische Komponist William Brade von 1609 bis 1614 Direktor der Ratsmusikanten war.

Zu guter Letzt gab es in Hamburg schließlich noch die Musik des Bürgermilitärs (»Musikbande« nannte man das damals, ein Wort, das in unserem Jahrhundert mit dem englischen Wort »band« reimportiert wurde). Dieses Militär zählte 1724, zu Telemanns Zeit, fünf Oboisten und zwei Fagottisten, denen später noch »Parforce-Hörner« zugefügt wurden. Wem das wenig erscheinen will: Eine Regimentsmusik im friderizianischen Preußen war nicht größer und auch nicht anders besetzt. Die Musik des Hamburger Bürgermilitärs war allerdings jämmerlich. So hieß es 1762 in einem Spottgedicht, der dänische König – Hamburgs Erbfeind – fürchte nicht so sehr die Hamburger Soldaten und ihre rostigen Gewehre, wohl aber ihre mißtönende Musik.

Dessenungeachtet verstand es Hamburg, bedeutende Musiker an sich zu binden. So wirkte von 1621 bis 1665 Johann Paul Schoop als Direktor der Ratsmusikanten in dieser Stadt, von dem zum Beispiel die noch heute bekannten Choralmelodien ERMUNTRE DICH, MEIN SCHWACHER GEIST; O TRAURIGKEIT, O HERZELEID; SOLLT ICH MEINEM GOTT NICHT SINGEN; WERDE MUNTER, MEIN GEMÜTE stammen. Thomas Selle wurde 1637 zum Kantor am Johanneum, 1641 zum Kantor und Musikdirektor am Dom berufen, und als nach seinem Tod Christoph Bernhard vom sächsischen Kurfürsten »ausgeliehen« werden konnte, wirkte jener von 1663 bis 1674 in Hamburg. Welchen Wert man hier der Musik beimaß, erhellt aus der Tatsache, daß bei Bernhards Ankunft *»ihm die Vornehmsten der Stadt Hamburg mit 6 Kutschen bis Bergedorf zwo Meilen entgegen«* fuhren. Der damals siebenunddreißigjährige Bernhard veranstaltete dann in seiner Wohnung ein Konzert zu Ehren des Dichters und Wedeler Pastors Johann Rist (er schrieb den Choral O EWIGKEIT, DU DONNERWORT), zu dem die besten Musiker Hamburgs geladen wurden, unter ihnen der damalige Direktor der Ratsmusikanten, Samuel Peter Sidon.

Eine bedeutsame Anregung erfuhr das Hamburger Musikleben durch Matthias Weckmann, der von 1655 bis 1674 als Organist an St. Jacobi wirkte. Er gründete 1660 das Collegium musicum, das sich jeden Donnerstag in einem Nebenraum des Doms versammelte – *»etliche Studiosis, Kaufgesellen, Musikanten u. andere rühmliche Liebhaber dieser edlen Kunst«* (so Johann Rist) – und regelmäßig öffentliche Konzerte veranstaltete. Mit dem Tode Weckmanns 1674 erlosch dieses Ensemble; erst Telemann sollte an diese Tradition wieder anknüpfen.

Dennoch fehlte es auch nach Weckmann nicht an musikalischer Bereicherung. So wirkte von 1675 bis 1682 Johann Theile in Hamburg, mit dessen Oper ADAM UND EVA am 2. Januar 1678 das Hamburger Opernhaus eröffnet wurde. So komponierten hier Reinhard Keiser und Johann Mattheson, Telemanns Zeitgenossen, von denen noch zu berichten sein wird. Auch berühmte Instrumentenbauer zog es in die Hansestadt: Joachim Tielke, der Geigen, Lauten, vor allem aber Gamben baute, die nicht nur bis heute zu den klangvollsten Instrumenten ihrer Art gehören, sondern durch ihre köstlichen Intarsien auch eine Augenweide sind; oder die Klavierbauer Carl Conrad Fleischer und Christian Zell; oder Arp Schnitger, Norddeutschlands größten Orgelbaumeister.

Als Organisten wirkten in Hamburg, als Telemann hier eintraf, zwei der bedeutendsten Vertreter der norddeutschen Orgelschule: Johann Adam Reinken (gestorben 1722) an St. Katharinen und Vincent Lübeck (gestorben 1740) an St. Nikolai. Beinahe wäre Telemann hier auch Johann Sebastian Bach begegnet, dem Freund aus gemeinsamen Thüringer Jahren, dessen Sohn Carl Philipp Emanuel Telemanns Patensohn war. Bach hatte sich Ende Oktober 1720 in Hamburg um das Organistenamt an St. Jacobi beworben. Sein Probespiel auf der großen Orgel von St. Katharinen hatte den Zuhörern gut gefallen, auch dem Rat; aber da gab es einen Haken: Der Kirchenvorstand von St. Jacobi machte die Anstellung davon abhängig, daß Bach 4000 Hamburgische Mark in die Kirchenkasse zahlte. Bach lehnte daraufhin erzürnt ab. Ergrimmt wetterte Erdmann Neumeister, Hauptpastor an St. Jacobi, der diese Entscheidung nicht hatte verhindern können, in seiner Weihnachtspredigt, »*wenn auch einer von den Bethlehemitischen Engeln vom Himmel käme, der göttlich spielte und wollte Organist zu St. Jacobi werden, hätte aber kein Geld, so möge er nur wieder davonfliegen*«. Daß diese schnöde Koppelung von Kunst und Mammon auch außerhalb Hamburgs Brauch war, konnte kein Trost und noch weniger Entschuldigung sein. Bach als Organisten an St. Jacobi zu denken, in gemeinsamer Arbeit mit seinem Freund Telemann: Man wagt es sich gar nicht vorzustellen.

In diese Stadt – zwar überaus musikliebend, aber nicht minder geschäftstüchtig – kam nun Telemann. Sein Vorgänger Joachim Gerstenbüttel war ein bescheidenes Licht gewesen, als Komponist unbedeutend, als Angestellter gefügig. Er haßte die Oper und hatte mit seinen Musikern stets Disziplinschwierigkeiten. Wohl wußte der Rat, daß man sich mit Telemann dem damals als bedeutendsten deutschen Komponisten geltenden Mann verschrieb; aber man war wohl des Glaubens, mit einem Künstler leicht ins reine zu kommen, und das hieß: kostengünstig.

Georg Philipp Telemann.
Kupferstich von Georg Lichtensteger nach 1721

Wir wissen nicht, wann Telemann in Hamburg eintraf. Am 21. Juli 1721 hatte er die Stadt Frankfurt um Entlassung aus seinem Amt gebeten; am 17. September desselben Jahres fand vormittags in St. Katharinen zu Hamburg eine erste Aufführung seiner Kirchenmusik statt. Dazwischen lag also die Übersiedlung nach Hamburg mit seiner zweiten Frau Maria Catharina und sieben Kindern im zarten Alter. Das älteste, Maria Wilhelmina Eleonora (geboren 1711), stammte aus der ersten Ehe Telemanns; die Mutter war an der Geburt dieses Kindes gestorben, ein allzu häufiges Schicksal jener Zeit. Der zweiten, 1714 geschlossenen Ehe entstammten Andreas (geboren 1715), Hans (geboren 1716), Heinrich Matthias (geboren 1717), Anna Clara (geboren 1719), Friedrich Carl (geboren 1720) und der erst zwei Monate alte August Bernhard. Der Umzug nach Hamburg kostete die beträchtliche Summe von 343 Reichstalern, denn neben dem Hausrat waren auch viele Musikinstrumente zu befördern.

Das Hamburg, das Telemann betrat, zählte damals etwa 75 000 Einwohner. Sieben Jahre zuvor hatte hier die Schwarze Pest ein letztes Mal gewütet und etwa 10 000 Menschenleben gefordert. Die Stadt war – weit stärker als heute – mit Fleeten (Kanälen) durchzogen und wurde darum gern mit Venedig verglichen. Diese Fleete waren auf vielfache Weise praktisch: Sie dienten dazu, den Güterverkehr vom Hafen aus unmittelbar an die Kaufmannshäuser heranzuführen, die damals Wohnhaus und Speicher in einem waren. Zugleich nutzte man die Fleete zur

Beseitigung des Unrats. Zwar verbot ein Gesetz aus dem Mittelalter den Mißbrauch der Fleete als Mülldeponie, aber in dem Wasser wurde die Wäsche gewaschen, und in die Fleete entleerten sich zahllose Abtritte, die wie Schwalbennester an den Häusern klebten, und aus ebendiesen Fleeten holte man zugleich häufig Trinkwasser und Wasser zum Brauen des für seine »Würzigkeit« weitberühmten Hamburger Biers, eines der wichtigsten Exportartikel der Hansestadt.

Die Häuser der Stadt waren überwiegend Fachwerkbauten; nur die Reichen konnten sich Häuser aus Stein leisten (deswegen »steinreich«), und die waren überaus prächtig und aufwendig und befanden sich zumeist im Bereich der Kirchspiele von St. Petri, St. Katharinen und St. Nikolai. Denn die Stadt gliederte sich in die Gemeinden der fünf Hauptkirchen, die ein alter Spruch so charakterisierte:

> *St. Petri de Rieken,*
> *Nikolai desglieken,*
> *Kathrinen de Sturen,*
> *Jacobi de Buren,*
> *Michaeli de Armen,*
> *Dat mag woll Gott erbarmen.* [1]

Das Zentrum der Stadt lag damals weit näher am Hafen als heute; besonders die begüterten Kaufleute hatten ihre Häuser dort, wo sich heute der Freihafen

---

[1] St. Petri den Reichen, Nikolai desgleichen, Katharinen den Stolzen, Jacobi den Bauern, Michaelis den Armen, das mag wohl Gott erbarmen.

erstreckt. Das Johanneum, ein ehemaliges Kloster, stand auf dem Areal des heutigen Rathausmarktes; hier bezog Telemann seine erste Wohnung.

Hamburg war damals eine glänzend befestigte Stadt. Die Hanseaten hatten sich den holländischen Festungsbaumeister Johann van Valckenborgh kommen lassen, und der legte von 1616 bis 1625 einen wehrhaften Gürtel mit 22 Bastionen um die Stadt, der sie uneinnehmbar machte und ihr im Dreißigjährigen Krieg das grausige Schicksal von Telemanns Geburtsort Magdeburg ersparte.

Aus dem Reesendamm, ursprünglich nur zum Aufstauen der Alster angelegt, hatte man 1665 durch Aufschüttung eine breite, mit Bäumen bepflanzte Promenade gewonnen, genannt der Jungfernstieg. Wo sich heute der Neue Jungfernstieg entlangzieht, lagen damals bis ans Wasser reichende Gärten. Auch ihnen gegenüber (heute Ballindamm) gab es noch keine Straße; hier standen die Häuser unmittelbar am Ufer, darunter das Zuchthaus und das 1672 erbaute Drillhaus, in dem das Hamburger Bürgermilitär gedrillt wurde – daher der Name.

Zur Charakteristik des Stadtbildes gehörten natürlich die Alsterschwäne, an denen sich die Hamburger schon seit dem 16. Jahrhundert erfreuten. Der Rat hatte sie 1664 ausdrücklich unter seinen Schutz gestellt und verkündet, *»daß daher jeder, der die Alsterschwäne beleidige, als eine Art Majestätsbeleidiger zu erachten und ein solcher Verbrecher mit scharfer Strafe zu belegen sei«*.

Von diesem freundlichen Gesetz nahm der hoch-

Hamburg
zwischen 1707 und 1727

weise Rat selbst sich allerdings aus, denn die festlichen Petri- und Matthiä-Mahlzeiten, die sich die Stadtväter jährlich im Februar spendierten, verlangten eine Schwanenpastete. Um sie genießen zu können, wurde eigens ein Jäger bestellt, der etliche Alsterschwäne zum kulinarischen Ergötzen abzuschießen hatte. Zwei erlegte Schwäne wurden – mit vergoldeten Flügeln – als Augenweide auf die Tische gestellt; unter ihrem Gefieder war die aus dem Fleisch ihrer Artgenossen zubereitete Pastete angerichtet. Die Tradition, verbürgt seit dem 14. Jahrhundert, wollte es eben so. Aber wehe dem profanen Frevler, den es ähnlich dem Rat nach einer Pastete aus Alsterschwänen gelüstet hätte!

Mit scharfen Strafen war jene Zeit freigebig; Hamburg machte da keine Ausnahme. Als 1724 ein junger Mann die silbernen Fransen von der Kanzeldecke von St. Michaelis stahl, wurde er für diesen leichten Diebstahl zu 15 Jahren Zuchthaus verurteilt. Kindsmörder und -mörderinnen hatten keine Gnade zu erwarten, sondern stets den Tod in besonders grausamer Weise: Sie wurden zuerst mit glühenden Zangen »gezwickt« und anschließend gerädert. Zum Tode verurteilt wurde auch ein Kesselflicker wegen Bigamie und 1726 ein Geselle der Caffamacher (Caffa = Damast) *»wegen begangener Sodomiterei mit einem Knaben«*. Die Hinrichtungen fanden in der Vorstadt St. Georg statt, ungefähr im Bereich der heutigen Lohmühlenstraße. Nicht weit davon lag Hamburgs Mülldeponie, ein keineswegs zufälliges Beieinander.

Telemann bezog mit seiner großen Familie die Kantorenwohnung des Johanneums, wo er viermal wöchentlich von 13 bis 14 Uhr die Schüler der Oberklassen in Musik zu unterrichten hatte. Die Wohnung, die seinem kinderlosen Amtsvorgänger Gerstenbüttel groß genug gewesen war, erwies sich für die Telemanns als zu eng, zumal der neue Kantor in dieser Wohnung sogar noch öffentliche Konzerte veranstaltete. Davon später.

Obwohl Telemann es sich nicht anmerken ließ: Die erste Begegnung mit Hamburg war keinesfalls Liebe auf den ersten Blick. Er mußte bald spüren, daß sein Salär nicht ausreiche, denn das Leben an Elbe und Alster war nicht billig und seine Ehefrau verschwenderisch. In Frankfurt hatte er auskömmlich leben können; er war mit den Jahren ein angesehener, gesellschaftlich gut etablierter Bürger geworden. In Hamburg aber mußte er sich erst einrichten und sich vor einem durchaus kritischen Publikum bewähren. Und in Hamburg saß auch jene Instanz, die als Kunstrichter in Sachen Musik Lob und Verdammnis über Deutschlands Komponisten in einer Fülle von regelmäßig erscheinenden Publikationen austeilte: Johann Mattheson.

Der wie Telemann 1681 geborene Mattheson gehörte zu jenen überaus vielseitigen Persönlichkeiten, an denen das 18. Jahrhundert so reich war. Zunächst machte er sich als Komponist einen Namen und schrieb 8 Opern und 29 Oratorien, deren Texte er zuweilen auch selbst dichtete. Als 1704 seine Oper CLEOPATRA in Hamburg uraufgeführt wurde, sang

Das Johanneum;
links vorne die Kantorenwohnung, in der Telemann von 1721 bis 1730 wohnte. Zeichnung von J. M. Wahn 1744

der Komponist nicht nur eine der Hauptrollen, sondern leitete auch die gesamte Premiere vom Cembalo aus, sofern er nicht gerade auf der Bühne zu agieren hatte. Damals saß ein neunzehnjähriger Geiger im Orchester, dessen außergewöhnliche Begabung Mattheson sofort aufgefallen war und den er darum persönlich förderte: Georg Friedrich Händel, mit dem Telemann seit jungen Jahren befreundet war. Händel leitete jene Partien, bei denen Mattheson auf der Bühne zu singen hatte, und als er nicht bereit war, diese Leitung wieder abzugeben, als Mattheson wieder im Orchester erschien, kam es zu einer lautstarken Auseinandersetzung zwischen den beiden Männern, die schließlich vor die Tür auf den Gänsemarkt eilten, um ihren Streit mit der Waffe auszutragen. Zum Glück für die Musikgeschichte glitt ein Stoß Matthesons, der wahrscheinlich tödlich gewesen wäre, an einem Knopf seines Kontrahenten ab, woraufhin sich die Duellanten wieder versöhnten. Beide haben diese Auseinandersetzung einander nicht nachgetragen, und Händel fand Matthesons Musik immerhin so interessant, daß er für seine Oper AGRIPPINA (1709) sogar einen Chor Matthesons übernahm.

Matthesons Karriere als Opernkomponist, Dirigent und Bühnendarsteller endete schon 1705 durch ein sich verschlimmerndes Gehörleiden. Der Vierundzwanzigjährige fand daraufhin eine Anstellung als Geheimsekretär des britischen Gesandten in Hamburg, Johann von Wich, da Mattheson mehrere Sprachen beherrschte und eine gewandte Feder führte. Als Wich 1714 starb, wurde Mattheson Legationsrat bei dem Sohn Cyrillo von Wich, dem er Musikunterricht gab. Für das bescheidene Jahresgehalt von 30 Reichstalern versah Mattheson außerdem noch von 1715 an den Posten eines Musikdirektors am Hamburger Dom, der gewissermaßen exterritorial war, denn die Dom-Hoheit lag nicht beim Geistlichen Ministerium Hamburgs, sondern beim Kurfürsten von Hannover, der zugleich König von Großbritannien war. Erwähnung verdient, daß Mattheson 1723 als erster Daniel Defoes Roman MOLL FLANDERS ins Deutsche übersetzte.

Telemann und Mattheson hatten schon während Telemanns Frankfurter Zeit miteinander korrespondiert und empfanden einige Sympathie füreinander, was allerdings den gestrengen Mattheson nicht hindern sollte, Telemanns Arbeiten gelegentlich scharfer Kritik zu unterziehen. Beider persönliche Annäherung vollzog sich vorsichtig, denn sie war eine Sache des Prestiges. Am 17. September 1721 gab Telemann in St. Katharinen seine erste Kirchenmusik. Als Mattheson daraufhin für den Nachmittag dieses Tages ein Konzert im Dom ansetzte, ging sofort das Gerücht, Mattheson plane, als Mitbewerber um das Amt Telemanns anzutreten, woran jener aber gar nicht dachte. Der auf seinen Ruf bedachte Mattheson wollte mit seinem Konzert wahrscheinlich nur den Hamburgern bedeuten, er sei schließlich auch noch da. Erst am 1. Oktober stattete Telemann einen offiziellen Besuch bei Mattheson ab, den dieser nach angemessener Frist am 6. Oktober erwiderte. Damit war dem Zeremoniell Genüge getan, und die beiden musikalischen Großmächte in Hamburg hatten offiziell voneinander Notiz genommen und einander anerkannt – in einer Zeit, die Formalien über alles liebte, ein bedeutsamer Schritt.

Obwohl Telemann wahrscheinlich schon im August in Hamburg eingetroffen war, fand seine Amtseinführung aber erst am 16. Oktober vormittags um 10 Uhr im Johanneum statt, ein Ereignis, das gedruckte Plakate in lateinischer Sprache* den gebildeten Hamburgern bekanntmachten. Dabei hielt der Senior – das Oberhaupt der Hamburger evangelischen Geistlichkeit, das dem Geistlichen Ministerium vorstand – Petrus Theodor Seelmann in lateinischer Sprache eine Rede *»De origine et dignitate Musicae in genere«* (Über die Herkunft und Würde der Musik im allgemeinen) und berichtete anschließend über den bisherigen Lebenslauf Telemanns. Dieser erwiderte darauf (natürlich gleichfalls lateinisch) mit einem Vortrag *»De excellentia Musicae in Ecclesia«* (Von der Vorzüglichkeit der Musik in der Kirche), der *»mit großem applausu«* aufgenommen wurde, wie die Presse berichtete.

Nächst seinen amtlichen Aufgaben – Musikunterricht im Johanneum und eine allsonntägliche Kantaten-Komposition für den Gottesdienst – ging Telemann als erstes daran, die in Hamburg abgestorbene Tradition des Collegium musicum wieder zu erneuern. Er hatte darin Erfahrung, denn ein vornehmlich aus Studenten bestehendes Collegium musicum hatte er schon in seiner Leipziger Studentenzeit gegründet und erfolgreich geleitet (1723 übernahm Bach dessen

Leitung), und auch in Frankfurt hatte er ein solches Ensemble ins Leben gerufen. Schon am 15. November 1721 begannen die nun regelmäßig veranstalteten »Winterkonzerte« des Hamburger Collegium musicum in Telemanns Kantorenwohnung; die Eintrittskarte kaufte man beim Komponisten persönlich. Was den Hörer erwartete, brachte Telemann in diese Verse:

Was Welschland schmeichelndes in seine Sätze
 schliesset:
Die ungezwung'ne Munterkeit,
So aus der Franzen Liedern fliesset;
Der Britten springendes gebund'nes Wesen;
Ja, was Sarmatien zu seiner Lust erlesen,
Bey welchem sich der Scherz den Tönen weyht:
Dieß alles wird der Teutsche Fleiß,
Zu seines Landes Preis,
Mehr aber noch, die Hörer zu vergnügen,
Durch Feder, Mund und Hand allhier verfügen.

Damit wurde gleichsam die musikalische Visitenkarte abgegeben und den Hamburgern musikalische Weltläufigkeit demonstriert. Und was sich hier antikisch »Sarmatien« nennt, meint nichts anderes denn Polen, zu dessen Folklore Telemann eine übergroße Liebe gefaßt hatte.

Ja, soweit hatte sich nun alles gut angelassen. Aber wenn Telemann geglaubt haben sollte, es werde künftig hier alles zum besten stehen, so hatte er sich getäuscht. Schon das Jahr 1722 brachte ihm eine schwere Krise.

Das neue Amt
(1721–1737)

Zu Telemanns Aufgaben gehörte es, jedes Jahr eine Passionsmusik zu komponieren und in der Fastenzeit aufzuführen. Das war gute Hamburger Tradition. Als erster hatte hier 1609 Erasmus Sartorius eine (nicht erhaltene) Passionsmusik in der Gertrudenkapelle aufgeführt. Für die darauffolgenden Jahre fehlen uns die Nachrichten, aber dann trat Thomas Selle auf den Plan mit je einer Johannes-Passion für 1641 und 1643. Die von 1643 war überaus reich instrumentiert: 2 Violinen, 2 Violen, 2 Blockflöten, 2 Lauten, 2 Pandoren, 2 Cornetti, 2 Trombonen, 2 Fagotte (oder Gamben). Die jährliche Aufführung einer Passionsmusik ist aber erst ab 1676 urkundlich gesichert; allerdings fehlen uns die Kompositionen. Die Hamburger Kirchenordnung legte die Aufführungen exakt fest: Am Sonntag Oculi hatte sie in St. Petri stattzufinden, die als die vornehmste der fünf Hauptkirchen galt; Judica war St. Katharinen an der Reihe; am Freitag vor Palmsonntag St. Jacobi; am Montag nach Palmsonntag St. Maria Magdalena; am Dienstag St. Gertrud und Laetare St. Nikolai. Die Hamburger Geistlichkeit hatte aber beschlossen: Fiele Mariä Verkündigung auf einen Sonntag oder in die Karwoche, so müßten die Passions-Auffführungen bereits am Sonntag Reminiscere beginnen, was 1741, 1747 und 1752 der Fall war.

Die Passionsmusiken waren ein fester Bestandteil des Hamburger Musiklebens, weswegen die hier genannte festtägliche Ordnung für ihre Aufführung schon 1657 im ersten Konzertführer Hamburgs folgendermaßen vermerkt wurde: »*Eine sowohl den Einheimbischen, als auch den hie ankommenden Aussländischen nütz und dienliche Anweisung, welche Zeit und was Ohrt, man allhier in dieser guten und weitberühmten Stadt Hamburg, die herrliche und wohl bestallte Musik, das ganze Jahr durch nach Hertzenswunsch vergnüglichen anhören kann.*«

Im Gegensatz zu Bachs Passionen waren die Telemanns äußerst sparsam instrumentiert. Während der Fastenzeit war die Oper zwar geschlossen, aber Telemann standen die Opernsänger dennoch nicht zur Verfügung. Für das Orchester konnte er nur auf die acht Ratsmusikanten und die beiden Expectanten zurückgreifen; fiel von diesen jemand durch Krankheit oder andere Verpflichtung aus, so durften dafür Rollbrüder einspringen. Den überaus bescheidenen Chor hatten die Schüler des Johanneums zu stellen, die auch zugleich die Sopran- und die Alt-Soli zu singen hatten. Diese Schüler waren auch des Kantors Notenkopisten, aber nur – nach der Schulordnung – »*montags, dienstags, Freitag und Sonnabend von 9–11*«. Von 1724 an hatte Telemann seine Passion auch im Waisenhaus aufzuführen, von 1748 an auch in St. Georg; das bedeutete: Telemann hatte von 1748 an jährlich neun Kirchen zu bedienen.

Streng getrennt von diesen Passionsmusiken war die Aufführung von Passions-Oratorien, deren Telemann sechs schrieb, darunter – auf einen Text von Brockes – DER FÜR DIE SÜNDE DER WELT GEMARTERTE UND STERBENDE JESUS (kurz »Brockes-Passion« genannt) und SELIGES ERWÄGEN DES LEIDENS UND STERBENS JESU CHRISTI, dessen Text Telemann selbst verfaßt hatte und das zu den Lieblingskompositionen der Hamburger gehörte, denn es mußte Jahr für Jahr mehrmals aufgeführt werden, allerdings nur im Drillhaus oder allenfalls in einer der kleineren Kirchen. Dies galt – *und zwar bey einer vorzüglich starken Anzahl der Zuhörer* – für die Heiliggeistkirche, St. Maria Magdalena, die Waisenhauskirche und für den Pesthof, ein Krankenhaus. In den fünf Hauptkirchen durften keine Passions-Oratorien gegeben werden, denn sie galten wegen ihres etwas opernhaften Charakters nicht als seriöse Sakralmusik.

Welch strenge Maßstäbe die Hamburger anlegten, zeigte der Fall Bronner. Georg Bronner (1666 bis 1724), Organist an der Heiliggeistkirche, hatte für den Gründonnerstag 1710 ein Passions-Oratorium vertont, das er am 17. April 1710 in seiner Kirche uraufführen lassen wollte. Als Bronner diese Premiere öffentlich bekanntgeben ließ, schaltete sich augenblicks der Rat ein, der bei den Proben hatte mithören lassen. Der Informant meldete dem Rat, daß »*das Werk an sich also beschaffen, daß es viel mehr aus dem Operngeist als aus Gottes Wort geflossen, denn dergleichen Methode kennt der heilige Geist nicht*«. In der Tat war der Text von grober Geschmacklosigkeit; so lautete das Duett der Dämonen über Judas' Verrat: »*Wohlan so ist es gut, / der Menschenfang ist uns nach Wunsch gelungen. / Dort hängt das saubere Blut. / Der Wanst ist ausgeleert und hat den Zweck, / Wonach sein Geiz gerungen. / Dort klebt das Eingeweide. / Der Strick ist sein Geschmeide*« etc. Also befand der Rat, »*Collegium werde dem besagten Organisten zu Hl. Geist seine Unbesonnenheit nachdrücklich verweisen und bei verdienter Strafe ernstlich befehlen lassen, von seinem bekanntgemachten Vorhaben, ein Oratorium aufzuführen, abzustehen*«.

Bronners Probleme waren nicht die Telemanns, denn der bekam nun Schwierigkeiten von ganz anderer Seite. Seine Einnahme für die alljährlich zu komponierende Passionsmusik war gering (nur 36 Hamburgische Mark), aber er gedachte diese Einnahme wie in Frankfurt durch den Verkauf von Textbüchern zu verbessern. Da meldete sich der Druckereibesitzer Neumann: Als privilegierter Drucker aller Ratsverlautbarungen (deswegen »Ratsdrucker« genannt) beanspruchte er allein das Recht, Telemanns Texte zu drucken und entsprechenden Gewinn daraus zu ziehen. Das sei bereits zu Gerstenbüttels Zeit der Brauch gewesen, beschwerte sich Neumann beim Rat. Telemann erwiderte darauf kühl, für dieses Verfahren gebe es keine gesetzliche Handhabe, und was

Gerstenbüttel ausgemacht habe, gehe seinen Nachfolger nichts an. Der Ärger mit dem Ratsdrucker Neumann war noch nicht verraucht (Telemann obsiegte), da gab es neue Malaise. Am 17. Juli 1722 beschwerten sich die Oberalten beim Rat, Telemann lasse »*in einem öffentlichen Wirtshause*« Musik aufführen, die »*zur Wollust anreitze*«, was »*noch heute verbothen werden*« sollte. Zur Ehre des Hamburger Rats sei gesagt, daß er diese törichte Denunziation nicht einmal einer Antwort würdigte.

Die Stadt Hamburg wurde damals regiert von 24 Ratsherren (später nannte man sie Senatoren) und vier Syndici, denen vier Bürgermeister vorstanden. Dem Rat zur Seite stand die Bürgerschaft. Sie setzte sich zusammen aus den gewählten Vertretern der fünf Kirchspiele Hamburgs, bestehend aus 15 Oberalten (je drei für jede Gemeinde), 45 Diakonen und 120 Bürgern. Die Oberalten konnten zwar ihre Meinung wissen lassen; Entscheidungen aber traf nur der Rat, dem auch die Bürgerschaft nicht dreinreden konnte*.

Die Beschwerde der sich so sittenstreng gebenden Oberalten kam Telemann zu Ohren. Jetzt reichte es ihm. Unzureichende Bezahlung, zu kleine Wohnung, Ärger mit dem Ratsdrucker und nun auch noch der versuchte Eingriff in seine künstlerische Freiheit: Hamburg war ihm nach einem Jahr gründlich verleidet.

Da fügte es sich nun, daß am 5. Juni 1722 der Leipziger Thomaskantor Johann Kuhnau gestorben war und Leipzig, das sich um einen Nachfolger kümmern mußte, sich Telemanns großer Verdienste während dessen Studentenzeit vor 1705 erinnerte. Man bot ihm die Nachfolge Kuhnaus an. Telemann, den frischen Groll im Herzen, griff zu: Er kündigte dem Hamburger Rat am 3. September unter Hinweis »*der mir obliegenden Pflicht in Versorgung der Meinigen, wie auch in Entgegenhaltung der hiesigen für mich anitzo nichtfavorable-scheinenden Conjuncturen*«, wie man es im Barock höflich zu umschreiben pflegte. Im Klartext meinte das: zu schlechte Bezahlung und Reglementierung durch die Oberalten. Dann reiste Telemann nach Leipzig, wo er sich Ende September persönlich vorstellte und bewarb. Obwohl es an Konkurrenz nicht mangelte, wollten die Leipziger von vornherein ihn und keinen andern.

Nun mußte sich Hamburg entscheiden. Der Rat hatte sich zunächst einmal Zeit gelassen*, beriet den Fall und befand schließlich, Telemann solle in Hamburg gehalten werden. Der setzte daraufhin ein Schreiben auf, mit dem er auf seine jämmerliche finanzielle Lage aufmerksam machte. Der Rat erhöhte daraufhin sein Gehalt um jährlich 400 Hamburgische Mark und gewährte auch eine Mietbeihilfe (oder war es vielleicht sogar die ganze Jahresmiete?) in Höhe von weiteren 400 Mark. Daraufhin sagte Telemann in Leipzig ab. Enttäuscht bemühte sich die

Brief Telemanns vom 3. September 1722
an den Rat der Stadt Hamburg mit der Bitte um Entlassung

Magnifici,
Hochedle, Veste, Hochgelahrte, Hoch- und Wohlweise,
Hochzuehrende, Hochgebietende Herren und Patronen!

Ew. Magnificentzen, Hoch- und Wohledle Herren Hiermit zu
fürsehmlich vorzutragen habe nicht umhin gehen können: Wie
daß, nachdem die Stadt Leipzig meiner wenigen Person zur
Übernehmung der Direction dortigen Music ausbrochen,
ich solche Station, in Betrachtung ihrer guten Beschaffenheit
und der mir obliegenden Pflicht in Vorsorgung des Meinigen,
wie auch in Betragenhaltung der hiesigen für mich ruhig nicht
favorable-scheinenden Conjuncturen, zu ergreiffen mich bedencken
tragen können: Darum verschet an Ew. Magnifice. Hoch- und
wohledle Herren mein submisses Bitten, ob wollen Dieselben mich
meiner bisher alhier verrichteten Dienste höchstgeneigt erlassen,
woran denn nicht zweifler, zugleich aber auch für Dero mir vor-
fältig-erwiesener Bewogenheit schuldigst Dancke, nebst der Versiche-
rung, daß dieß Dero Gute Ihat Hauß mit dem vortrefflichsten Ih-
nachts retournen und solches indenkendlichst ausprächt eingesehen
werde, der ich zu Dero bewonnen hohen Affection, womit Dieselben
mir auch abwesend grosgünstig zu conserviren geruhen wollen,
mich hiermit empfehle, und, unter trachtlicher Anwünschung eines
beständigen glücklichen und gesegneten Regiments, in aller De-
votion verharre

Des Magnifice:
Hoch- und wohledl. Herr
meiner Hochzuehrenden, Hochgebietenden Herren und Patronen,

unterthänigst-gehorsamster Knecht,

Hamburg d. 3. Sept.
1722.

Georg Philipp Telemann.

Stadt nun, Christoph Graupner zu gewinnen, Hofkapellmeister in Darmstadt; aber den wollte sein Landesherr nicht ziehen lassen. Graupner riet zu Johann Sebastian Bach, und den empfahl auch Leipzigs Bürgermeister Lange mit der Bemerkung: »*wann Bach erwehlet würde, so könte man Telemann, wegen seiner Conduite, vergeßen*«.

Die Nachwelt hat Telemanns »Conduite« nicht vergessen, sondern sie ihm übel angekreidet. Pure Geschäftstüchtigkeit habe ihn dazu verleitet, mit den Leipzigern ein unredliches Spiel zu treiben; von vornherein sei er gewillt gewesen, mit dem Leipziger Angebot in Hamburg zu pokern. Für diese These spricht aber nur der Ausgang, sonst nichts. Ehe die Hamburger schließlich zulegten, war Telemanns Hamburger Salär niedriger als das von Leipzig gebotene. Auch sozial wäre seine neue Position nicht schlecht gewesen. Zudem war er in Leipzig bestens bekannt und durfte bei dem Leipziger Liebeswerben sicher sein, herzlich aufgenommen zu werden. Daß Telemann dann doch absagte (daß es so spät geschah, lag daran, daß der Hamburger Rat so säumig reagierte), darf man dem von Geldsorgen geplagten Komponisten nicht verdenken. Es ist ja überhaupt merkwürdig, daß man Geschäftstüchtigkeit, die bei jedem Kaufmann für eine Tugend gilt, bis heute einem Künstler als charakterlichen Makel ankreidet. In Hamburg, wo man seit je zu rechnen verstand und gute Rechner zu schätzen wußte, ist Telemann nie vom Rat der Geschäftstüchtigkeit im herabsetzenden Sinne geziehen worden. Den Hamburger Ratsherren, die zumeist Kaufleute waren, dürfte Telemanns Verhalten eher imponiert haben.

Nein, was die Nachwelt eigentlich verdroß, war vielmehr, daß die Leipziger Bach als Lückenbüßer einstellten, weil sie weder Telemann noch Graupner bekommen konnten, und daß Telemann in seiner Zeit eben weit berühmter war als Bach. Aber dafür kann man nun schwerlich den mit Bach befreundeten Telemann verantwortlich machen.

Telemanns jährliche Einkünfte sahen nach der neuen Regelung so aus:

 1 200 Mark Grundgehalt
  400 Mark Hausmiete
  160 Mark von den fünf Hauptkirchen
  349 Mark für Tag- und Nachtleichen
   (= Beerdigungen)
  45 Mark Ostergelder*
  18 Mark für Einsegnungen
  36 Mark für Passionsmusiken

Zusammen sind das 2 208 Hamburgische Mark. Für die Leitung der Oper, die ihm noch im selben Jahr übertragen wurde*, bekam Telemann 300 Reichstaler. Außerdem empfing er weiterhin sein Jahresgehalt als Kapellmeister des Eisenacher Hofes (dem er regelmäßig Kompositionen zu liefern hatte), und von 1723 an bezog er auch ein Jahresgehalt als neuernannter Kapellmeister des Markgrafen von Bayreuth, für den er jährlich eine Oper schreiben mußte. Die Kapellmeister-Posten waren mit je 100 Reichstalern dotiert. Zusammen sind das 500 Reichstaler, umgerechnet etwa 1813 Hamburgische Mark, so daß Telemann jährlich mit 4021 Mark rechnen konnte.

Aber das war noch nicht alles. Weitere Einkünfte ergaben sich aus dem Verkauf von Textbüchern und Eintrittskarten zu seinen regelmäßig veranstalteten Konzerten, der zusätzlichen Honorierung von Gelegenheitskompositionen aller Art sowie aus dem Verkauf von selbstgestochenen Noten. Nimmt man das alles zusammen, so ergab das eine für die damalige Zeit beträchtliche Einnahme*.

Zum Vergleich: Die vier Hamburger Bürgermeister bezogen 1722 folgendes Salär: Der erste 4800 Mark, der zweite und der dritte je 4004 Mark, der vierte 4000 Mark. (Mit Mark ist stets die damalige Hamburgische Mark gemeint; siehe dazu die Anmerkung im Anhang dieses Buches.) Ein Ratsherr, etwa Barthold Hinrich Brockes, empfing 2002 Mark, der Conrector des Johanneums 1340 Mark, die Professoren des Johanneums je 900 Mark, ein Ratssekretär 1000 Mark und ein Ratsdiener 12 Mark. Diese Gehälter waren, wie damals üblich, Jahresgehälter und wurden quartalweise ausgezahlt, 1722 im Turnus Januar, April, Juni und Oktober.

Dennoch sollte man Telemann nicht vorschnell beneiden, denn er hat – obwohl gut verdienend – dafür mehr arbeiten müssen als jeder andere Komponist vor oder nach ihm. Neben dem Unterricht im Johanneum, der ihn kaum belastete (nur vier Stunden wöchentlich), hatte er für jeden Sonntag eine Kirchenkantate zu komponieren; an Festtagen wie

Weihnachten, das damals noch an drei Tagen gefeiert wurde, waren es sogar drei, die wechselweise in einer der Hauptkirchen aufgeführt wurden. Dazu, wie schon gesagt, jährlich eine Passionsmusik und, als sei das noch nicht genug, die schon erwähnten Passions-Oratorien. Neben der künstlerischen Leitung der Oper, die er sechzehn Jahre lang innehatte, komponierte er für sie etwa zwanzig Opern (für deren Komposition veranschlagte man damals jeweils etwa vier Wochen) und besorgte auch die damals übliche Bearbeitung von Bühnenwerken seiner Kollegen.

Dazu mußte er jährlich eine Oper für den Bayreuther Hof liefern. Das bedeutete häufig drei Opernkompositionen in einem Jahr, und selbst wenn man davon ausgeht, daß Telemann dafür zwölf Wochen brauchte (in denen ja alle übrige Arbeit weiterlief), so ist noch nicht die Zeit veranschlagt für die Bearbeitungen, die Einstudierung, die Proben, die Leitung der Aufführungen.

Aber auch das war ja bei weitem längst nicht alles. Jedes Jahr feierten die Offiziere des Hamburger Bürgermilitärs*, die Bürgerkapitäne, Ende August ein Festmahl (Convivium); 1730 zählte man 67 Offiziere (organisiert nach den fünf Kirchspielen), die an großer Tafel schmausten und zechten, aber auch Telemanns Musik lauschten. Die bestand aus einer geistlichen (Oratorium) und einer weltlichen (Serenata) Komposition, deren Aufführung etwa zwei Stunden in Anspruch nahm, also von beträchtlichem Umfang war.

Trat ein Pastor oder ein Diakon sein neues Amt an,

Festmahl der Hamburger Bürgerkapitäne 1719 im Drillhaus; links auf der Empore die Musiker.
Kupferstich von Christian Fritzsch

so hatte Telemann dazu eine Festkantate zu liefern (siehe dazu die Telemann-Chronik ab S. 181 dieses Buches); das meinte der bei der Aufstellung von Telemanns Jahreseinkünften mit 18 Mark eingesetzte Posten »Einsegnungen«. Starb ein Bürgermeister, so gab seine Familie bei Telemann die Trauermusik zur Beisetzung in Auftrag.

Begüterte Hamburger bestellten sich Festmusiken zur Hochzeit, meist zu einer Jubel-Hochzeit, welche dann, wie etwa die Komposition zur goldenen

Hochzeit des Ratsherrn Mutzenbecher, einer ausgewachsenen Kapitänsmusik in nichts nachstand.

Telemanns Musik erwartete der Rat zu seinen alljährlichen Petri- und Matthiä-Mahlzeiten. Diese Festessen oder Convivien waren eine aus dem Mittelalter stammende Tradition und fanden statt am Vorabend (21. Februar) des Festes Petri Stuhlfeier und am Tag des heiligen Matthias (24. Februar), seit 1621 im Herrensaal des Eimbeckschen Hauses. Am Petri-Mahl nahm der Rat samt seinen Syndici und Sekretären teil; zum Matthiä-Mahl waren auch Gäste, meist die in Hamburg akkreditierten Botschafter, zugelassen. Bei diesen Mahlzeiten wurde nach guter Hamburger Tradition wacker geschmaust und nicht weniger wacker pokuliert; 1724, bei der letzten Mahlzeit (denn aus nie geklärten Gründen verzichtete von da an der Rat auf diese traditionellen Convivien), mußte der Rat für die Tafelei 3361 Hamburgische Mark und 11 Schillinge aufwenden, für den Wein etwa 900 Mark. Die Gesamtkosten betrugen also etwa soviel wie das Jahresgehalt eines Bürgermeisters. Darunter waren die Ausgaben für die Musik am geringsten: Die aufspielenden Ratsmusikanten bekamen zusammen nur neun Reichstaler und ein das Orgelpositiv traktierender Kantor deren zwei. Was Telemann erhielt, wissen wir nicht; bekannt, aber nicht erhalten ist nur eine Serenata zum letzten Convivium von 1724. Die Tradition des Matthiä-Mahls ist in unseren Tagen vom Senat wieder aufgenommen worden, und auch heute gibt es dazu Telemannsche Tafelmusik.

Die Jubiläen der Admiralität, der Oberalten, des Commerz-Collegiums, der Augsburger Konfession, des Westfälischen Friedens etc. konnten ohne Telemann natürlich nicht festlich begangen werden. Hinzu kamen weitere Anlässe wie Promotionen, Examensabschlüsse, Fürsten-Hochzeiten, Friedensschlüsse, Krönungen, Kaiserwahl, Sterbefälle oder gewonnene Schlachten – nahezu jeder Anlaß war recht, um Telemann mit einer Komposition zu beauftragen.

Allein mit diesem Pensum wäre bereits jeder andere Komponist restlos überfordert gewesen. Telemann aber scheint das eher noch zuwenig gewesen zu sein. Er komponierte auch ohne Auftrag noch eine Fülle von Orchester- und Kammermusik, erlernte ganz schnell die Kunst des Notenstechens und konnte die eigenen Werke im eigenen Verlag herausbringen. Dazu schrieb er musiktheoretische Abhandlungen, publizierte die Werke anderer Musiker, führte eine rege Korrespondenz und unterrichtete Schüler. Ja er übte zeitweise sogar noch die journalistische Tätigkeit eines Auslandskorrespondenten des Eisenacher Hofes aus, eine Beschäftigung, die viel Arbeit und Unkosten verursachte, ihm aber wenig Geld einbrachte.

Wie umfangreich sein Schaffen überhaupt war, hat er selbst nicht gewußt. Sehr viel ist verlorengegangen, und erst jetzt zeichnet sich allmählich ein Überblick über das Erhaltene ab. Man hat Telemann deswegen einen »Vielschreiber« gescholten, und selbst seinen gewiß nicht müßigen Zeitgenossen war sein immenses Schaffen unheimlich. Mit diesem Vorwurf werden wir uns noch zu beschäftigen haben. Hier sei nur gesagt, daß so viel Fleiß nicht möglich gewesen wäre, hätte Telemann nicht eine eiserne Konstitution besessen. Er war sehr selten krank, auch wenn er gelegentlich mit seiner *»baufälligen Gesundheit«* kokettierte. Er war einer der gesundesten Menschen seiner Zeit und von unverwüstlichem Humor.

Um ein reges Konzertleben in Hamburg zu

schaffen, konnten ihm die Konzerte seines Collegium musicum in seiner engen Wohnung nicht genügen. Musikalische Aufführungen und geeignete Aufführungsstätten waren in Hamburg nicht rar, obwohl die Stadt nicht über einen eigenen Konzertsaal verfügte. Aber welche Stadt hatte den damals schon? Es bestand damals auch gar nicht der Bedarf danach. Im Baumhaus am Hafen gab es im ersten Stock einen Saal, in dem zweihundert Personen Platz hatten; im Drillhaus stand ein großer Saal zur Verfügung, in dem die meisten Konzerte Telemanns stattfanden. Ferner gab es für Konzerte das Krameramtshaus, den Hof von Holland, den Kaiserhof am Neß oder das Eimbecksche Haus (Ecke Dornbusch / Kleine Johannisstraße), Häuser, die Telemann aber nur selten nutzte.

Es hatte ja in Hamburg schon vor Telemanns Ankunft ein Konzertleben gegeben. Händels Passionsmusik auf den Text von Brockes (»Brockes-Passion«), den Händel 1716 bei einem Besuch Hamburgs kennengelernt hatte, erklang 1719 im Dom. Übrigens in einem sehr aparten Zyklus: An vier Tagen wurden hier vier der fünf Vertonungen der Brokkes-Passion (von Keiser, Händel, Mattheson und Telemann) hintereinander gegeben, denn der selbständige Dom, der ja nicht zu den fünf Hauptkirchen gehörte, brauchte sich um das Verbot von Passions-Oratorien nicht zu kümmern. Händels Brokkes-Passion wurde 1720 im Drillhaus wiederholt und 1721, vor Telemanns Ankunft, noch einmal im Dom, und Telemann selbst ließ sie 1724 im Drillhaus aufführen. Auch durchreisende Virtuosen waren oft in Hamburg zu hören.

Dennoch darf Telemann als der eigentliche Organisator des Hamburger Musiklebens seiner Zeit gelten. Daß dabei vornehmlich seine eigenen Werke aufgeführt wurden, war ganz normal, denn schließlich war er faktisch die musikalische Autorität in Hamburg mit einer Machtfülle, wie sie kein anderer Musiker vor oder nach ihm in der Hansestadt besessen hat. Er war der Leiter der Johanneumskantorei, verantwortlich für die Musik der fünf Hauptkirchen, Chef der Ratsmusikanten, Komponist für alle Gelegenheitsmusiken der Stadt, Organisator des Konzertlebens und musikalischer Maître de plaisir für alle weltlichen und geistlichen Solemnitäten.

Und dann leitete er noch die Oper. Die hatte einen guten Ruf. Eine Oper leisteten sich damals in Deutschland fast nur die Fürstenhöfe. Im bürgerlich-demokratischen Hamburg aber gab es schon seit 1678 eine Oper, die drei Bürger gegründet hatten, durchaus auch unter kommerziellen Gesichtspunkten, denn anders als heute konnte man mit einem Opernhaus auch Geld verdienen, wozu bei schwankender Publikumsgunst freilich einiges Glück vonnöten war.

Der populärste Komponist dieses Hauses vor Telemanns Zeit war Reinhard Keiser, der die Hamburger Oper mit etwa 80 Werken bediente. Der 1674 in Teuchern bei Weißenfels geborene Keiser hatte unter anderem 1707 eine Oper, CARNEVAL VON VENEDIG, auf die Bühne gebracht, die neben der deutschen und

Das 1765 abgebrochene Opernhaus am Gänsemarkt. Gezeichnet 1726 von Paul Heineken

der italienischen Sprache sogar plattdeutsche Einlagen verwandte, was in Hamburg nicht selten war, war hier das Niederdeutsche doch Umgangssprache; selbst der Bürgereid wurde in Hamburger Platt geleistet*. Reinhard Keiser, der von 1703 bis 1707 sogar der Pächter des Opernhauses gewesen war und das Programm stark geprägt hatte, geriet nun durch Telemann ein wenig in den Hintergrund. Aber beide Komponisten schätzten einander und arbeiteten eng zusammen; so veranlaßte Telemann, daß Keiser seine 1706 komponierte Oper MASANIELLO FURIOSO 1727 überarbeitete, wozu Telemann einige deutsche Arien beisteuerte, ein damals durchaus übliches Verfahren.

Telemann hat in den Jahren seiner Operndirektion für ein gut gemischtes Programm gesorgt, in dem anspruchsvolle Werke und mehr dem Hamburger Unterhaltungsbedürfnis entgegenkommende Opern sich die Waage hielten, was nicht heißt, daß anspruchsvollere Opern erfolglos gewesen wären. Neben seinen eigenen Werken setzte er immer wieder die Opern Keisers und vor allem die seines Freundes Händel auf den Spielplan. Händel war den Hamburgern nicht nur aus seiner Zeit als Zweiter Geiger an der Oper (1703–1706) im Gedächtnis, sondern auch als Komponist. Seine Opern ALMIRA und NERO waren hier 1705 uraufgeführt worden; geschätzt wurde in Hamburg aber auch seine schon erwähnte »Brockes-Passion«.

Bis zur Auflösung der Oper 1738 sind während Telemanns Amtszeit 140 Händel-Aufführungen am

Gänsemarkt nachzuweisen. Von den vierzig Opern, die Händel schrieb, brachte Telemann elf auf die Bühne, von denen sich GIULIO CESARE mit 36 Aufführungen zwischen 1725 und 1737 als beliebtestes Stück erwies. Es werden aber wohl weit mehr Aufführungen gewesen sein, denn der überlieferte Spielplan enthält zwischen 1722 und 1738 große Lücken.

Telemann sorgte indes nicht nur in der Oper und mit seinem Collegium musicum dafür, daß den Hamburgern gute Musik geboten wurde; er veranstaltete auch regelmäßig Konzerte im Drillhaus, wo neben seinen Oratorien und Kantaten vor allem jene Gelegenheitskompositionen wiederholt wurden, deren Uraufführung nur ein kleiner Kreis hatte beiwohnen dürfen. So wurden im Drillhaus die Trauerkantaten für die Beisetzungen der Bürgermeister ebenso wiederholt wie die alljährliche Festmusik zum Convivium der Bürgerkapitäne oder etwa die Musik zum hundertjährigen Bestehen der Admiralität, die den Hamburgern ganz besonders lieb war.

Die Zentenarfeier der Admiralität am 6. April 1723 war ein Fest, wie man es im Hamburg des Barock gern feierte, ein Fest des Wassers und der Musik. In zeitgenössischer Diktion besitzen wir diese hübsche Beschreibung:

»Die Wohllöbliche Admiralität begieng am 6. April zum erstenmahl das Gedächtniß Ihres vor 100. Jahren aufgerichteten Collegii. Auf dem Nieder-Baum-Hause war der grose Saal schön ausgezieret, eine Taffel wohl angerichtet, für die Vocal- und Instrumental-Musicos eine mit Tappeten behangene

Bühne aufgebauet und vor das Haus ein Lieutenant, nebst Unter-Officirern, und 40. Granadirern zur Wache gesetzet. Die Admiralitäts-Jagt lag vor dem Baume, und wurden von solcher die Stücken bey den Gesundheits-Trincken abgefeuert. Alle anwesende Schiffe waren mit Wimpeln und Flaggen aufs beste ausgezieret, und liessen diejenigen Schiffe, so Stücken führten, sich damit tapfer hören. An der Taffel speiseten 37. Personen. Wobey sich Ihro Magnificenz der Präsid. Herr Bürger-Meister Wiese, J.U.L. und der Herr Bürger-Meister Sillem, J.U.L. die Admiralitäts-Herren, Ober-Alten, Cämmerey-Bürger, und zur Admiralität gehörige Personen, befunden. Bey der Taffel wurde von Hr. Telemann eine sehr angenehme Musike, und absonderlich eine vortreffliche Serenate, die der beliebte Herr Professor Richey in ausbündig schönen Versen abgefasset hatte, aufgeführet. Die Lustbahrkeit währete biß an den Morgen.«

Eröffnet wurde Telemanns Werk mit einer Orchestersuite, deren Sätze programmatisch auf die im Barock so beliebte Verknüpfung mit der antiken Götterwelt hinweisen: DIE SCHLAFENDE THETIS, DIE ERWACHENDE THETIS, DER VERLIEBTE NEPTUNUS, DIE SPIELENDEN NAJADEN, DER SCHERTZENDE TRITONUS, DER STÜRMENDE AEOLUS, DER ANGENEHME ZEPHYR, EBBE UND FLUTH, DIE LUSTIGEN BOTS LEUTE. Dem folgte die Serenata mit Michael Richeys »*ausbündig schönen Versen*«. Sie sind ein Lobpreis auf Hamburg (alle Gäste hatten übrigens ein schön gedrucktes Textbuch bekommen), gesegnet von Natur und Kommerz, auf seine weise Verwaltung und sein »*friedlich Wohlergehen*«. Die alten Götter treten neben Hammonia auf, der Personifizierung Hamburgs, und für die Dauer der festlichen Musik waren auf einmal die Ufer von Elbe und Alster von Nymphen und Tritonen erfüllt.

Zur Aufführung war – neben den Gesangssolisten und dem Chor – ein ungewöhnlich reich besetztes Orchester aufgeboten, wie es Telemann sonst selten zur Verfügung stand, und er hat die Farbigkeit der Instrumentation sorgfältig zu nutzen gewußt. Schon die Flöten enthalten alle Klangschattierungen: Quer- und Blockflöte, Flauto pastorale, 2 Pikkoloflöten; dazu erklangen 2 Oboen, 2 Oboen d'amore, 2 Fagotte, 3 Hörner, 3 Trompeten, Pauken, Erste und Zweite Violine, Viola, Violoncello, Kontrabaß und Cembalo.

Begeistert schrieb am Tage darauf der *Hollsteinische Correspondent*: »*Als gestrigen Tages, am 6ten April, eine löbliche Admiralität hieselbst das Gedächtnis ihres vor 100 Jahren gestifteten Collegii feyerlich begangen, so hat zugleich die sinnreiche und galante Feder unsers hochberühmten Hrn. Richey durch eine in sechs Bogen darauf verfertigte prächtige Serenate, Herr Telemann aber nach seiner Gewohnheit durch die vollkommene schöne Composition derselben, dieses ansehnliche Festin desto merkwürdiger und feyerlicher gemacht.*«

Musikrezensionen in der Presse gab es damals noch nicht. Aber der *Hollsteinische Correspondent* meldete »*am Freytage, den 9. April*« diese Reaktion:

»Über die letzterwehnte Serenade unsers Herrn Profess. Richey, und des Herrn Capell-Meisters Telemann Composition derselben, ist folgendes verfertigt, und zur Einrückung communiciret.

Wann Richeys Kiel, dem keine Sylb' entfährt,
Die nicht der Ewigkeit höchst werth,
Ein neues Wunderwerk gebiehret,
Und Telemanns bezaubernder Gesang,
Der schönen Worte reinen Klang,
Mit neuem Geist beseelt,
  mit süßer Anmuth zieret,
Macht jenes Poesie,
  durch ihre Wunder-Krafft,
Und dieses Thon,
  vermischt mit Kunst und Süße,
Die Klugheit zweifelhaft,
Zu wessen Vortheil sich
  ihr Urtheil wohl entschließe?
Dann der geringste Theil
  von solchen Meisterstücken
Kan, durch sein kräfftiges Entzücken,
  der Sinnen rege Krafft entrücken;
Indessen muß der Tadel selbst gestehn:
Daß beydes unvergleichlich schön.«

Und am 13. April schrieb das Blatt:
»Bey Gelegenheit des neulich erwehnten von hiesigem Admiralitäts-Collegio celebrirten Jubilaei ist noch zu berichten, daß die so gelehrte als galante Feder unsers Herrn Prof. Richey an einer umständli-

chen Historischen Nachricht dieses Collegii, von dessen erster Einrichtung an bis itzo, arbeite. Zugleich werden dem curieusen Leser die Characteres von den Musikalischen Instrumental-Stücken communiciret, so bey diesem Festin noch außer der Serenade von Herrn Telemann aufgeführet und eigentlich dazu componiret worden. Die schönen Erfindungen davon sind nicht allein anmuthig und sinnreich, sondern haben auch ungemein Effect gethan und zu diesem Feste sich aus der massen wohl geschicket.«

Telemanns Admiralitäts-Musik war so beliebt in Hamburg, daß sie in der Zeit vom 20. April 1723 bis zum 16. Mai 1736 vierzehnmal wiederholt werden mußte.

Sicher war es »demokratisch« gedacht, solche Kompositionen auch einem größeren Kreis bekanntzumachen; dennoch blieben diese Konzerte den Begüterten vorbehalten. Schon der Eintrittspreis von einer Hamburgischen Mark, dazu 3 bis 6 Schilling für das obligatorische Textbuch, schloß zwangsläufig viele aus. (Die Konzerte auswärtiger, in Hamburg gastierender Virtuosen kosteten sogar das Doppelte.) Diesen Preis aber konnte Telemann nicht ermäßigen, weil aus dem Erlös die Musiker bezahlt werden mußten. So kostete eine Besetzung von 9 Sängern und 17 Instrumentalisten etwa 28 Mark pro Konzert; während aber Telemanns Bezüge (und die Eintrittspreise) bis zu seinem Tode konstant blieben, verlangten die Musiker mehr und mehr, für Telemann eine Quelle ständiger Verzweiflung.

Aufs Ganze gesehen aber war Telemann mit seiner

Hamburger Tätigkeit sehr zufrieden, wie ein Brief bezeugt, den er am 31. Juli 1723 an den Frankfurter Patrizier und Dichter Johann Friedrich Armand von Uffenbach schrieb. Nach einigen Sätzen über das Musikleben Frankfurts heißt es da:

»Was inzwischen die Music dort Bergunter gehet, das klettert sie hier hinauf; und glaube ich nicht, daß irgendwo ein solcher Ort, als Hamburg, zu finden, der den Geist eines in dieser Wissenschaft Arbeitenden mehr aufmuntern kann. Hierzu trägt ein großes bey, daß, außer den anwesenden vielen Standes-Personen, auch die ersten Männer der Stadt, ja das ganze Rahts-Collegium, sich den öffentlichen Concerts nicht entziehen; item die vernünftigen Urtheile so vieler Kenner und kluger Leute geben Gelegenheit darzu; nicht weniger die Opera, welche itzo im höchsten Flor ist; und endlich der nervus rerum gerendarum, der hier bey den Liebhabern nicht fest angewachsen ist.«

Mit dem *»nervus rerum gerendarum«* – dem Nerv aller Dinge – war das Geld gemeint, das laut Telemann den Hamburgern für die Musik locker saß. Und in der Tat ließen sich die Hanseaten ihre Musik einiges kosten; dafür war der Säckel anderen Künsten gegenüber desto fester geschlossen.

Wie glücklich sich Telemann damals gefühlt haben muß, bezeugt ein Kantatentext, den er 1723 für sein Collegium musicum dichtete:

> *Der Himmel nem' indeß durchs ganze Jahr*
> *Hier diese kleine Welt,*

das liebste Hamburg, wahr!
Gesegnet müssen seyn die Väter dieser Stadt,
Durch die das Recht im Schwange gehet,
Durch deren Schutz
  der Bürger Glück bestehet,
Daß jedermann sein Brodt
  in Ruh zu essen hat!
Gesegnet müssen seyn,
  die für die Seelen wachen;
Gesegnet, die ums allgemeine Heyl
Sich Müh' und Sorge machen;
Gesegnet Handel, Kunst,
Gewerbe, Thun und Lassen;
Und alles kurz zu fassen:
Es neme Groß und Klein
  hier an dem Segen Theil!
So wird, wenn überall
  die Wünsche wol gelingen,
Auch unsere Music
  gedoppelt besser klingen.

Indes: Telemanns so offensichtliches Behagen über die Hamburger Verhältnisse wurde ein Jahr später getrübt. In der Hamburger Zeitschrift *Der Patriot* war eine anonyme Satire auf die Verwaltung der Hamburger Oper erschienen. Die Betroffenen glaubten in Barthold Hinrich Brockes, Christian Friedrich Weichmann und Telemann die wahren Verfasser erkannt zu haben (was sie aber nicht waren) und rächten sich mit einer Gegensatire, die ihnen Johann Philipp Prätorius, einer von Telemanns Textdichtern, verfaßte: Il pregio dell' ignoranza oder Die Bass-Geige. Dieses Stück, eine so boshafte wie läppische Rache, sollte als Intermezzo bei der Oper Don Quixotte von Francesco Conti in Form eines Marionettenspiels gegeben werden. Brockes, Weichmann und Telemann treten hier (unter anderen Namen natürlich) auf, Telemann als *»Don Quinto Falso, unter der Gestalt von Kilian Brust-Fleck ein Musicalischer Poet«*. Da ihm als Komponisten schwerlich am Zeuge zu flicken war, zielte Prätorius auf Telemanns Gedichte (die er ja zeitlebens fleißig schrieb, wenngleich ohne eigentlichen poetischen Ehrgeiz); vor allem aber knöpfte er sich Telemanns Privatleben vor. Es war in Hamburg allgemein bekannt, daß es in Telemanns Ehe nicht zum besten stand. Frau Telemann hatte nämlich ein Verhältnis mit einem schwedischen Offizier; da es nicht eben viele schwedische Offiziere in Hamburg gab, könnte es sich um den schwedischen Generalleutnant Freiherrn von Albedyl gehandelt haben, den der Rat am 26. August 1724 zum neuen Kommandanten des Hamburger Militärs ernannt hatte.

Da der Text der Prätorius-Satire nirgends zitiert wird, und um dem Leser eine Vorstellung zu geben, auf welche Weise man damals Satiren schrieb, seien hier ein paar Kostproben abgedruckt. Zunächst Telemanns Vorstellung:

Nun kommt der Kilian,
  der recht' Apollo's Sohn /
Der sich zur höchsten Ehr'

sein' Brüder doch zum Hohn /
Sowohl mit Noten weiß als Versen umzugehen /
Und seine Thalerchens daraus zu drehen;
Seht; wie er gantz erblaßt
  so eilig hingekommen /
Mit Eifersucht erhitzt /
  mit Neide eingenommen /
Mit Ungedult gehetzt /
  biß er sich hat gerochen /
Als wie ein wilder Stier /
  dem eine Wesp gestochen.
Als wie ein alter Hirsch /
  der sich zur Zeit der Brunst /
Mit seiner Heerde Hindinn an der Seit' /
Worob er sich recht innerlich erfreut /
Nur merckt / mit welcher Gegen-Gunst /
Dort ein' der schönsten Rehen weggenommen /
Von einem jungen Bocke /
Der nur von ohngefehr dazu gekommen /
Mit ausgestrecktem Hals
  voll Stoltz und Hochmuth pranget /
Biß er die vorgenommene Rach' erlanget.

Mit diesem Hieb auf Telemanns Geschäftssinn und deutlicher Anspielung auf seine Ehe geht es nun gegen den Poeten Telemann:

Du Schul-Fuchs / der du dich
  die Pritsch erst zugelegt
Willst du von solchen hohen Sachen wissen
Sey du bey deinen Schülern nur beflissen
Und laß die Poesie hinführo unbefleckt.

Damit aber das Publikum nichts überhöre, heißt es schließlich:

> *Darfst du dich unterstehn /*
> *ohn eintzigs Schämen*
> *Und willst so viel*
> *auf deine Hörner nehmen*
> *Die du nicht kannst*
> *noch soltest einst begehren*
> *Und wann sie gleich von Stahl*
> *und Schwedschen Eisen wären.*

Das mit dem *»Schwedschen Eisen«* verstand natürlich jeder. Auch der hochweise Rat, und der verbot kurzerhand die Aufführung dieser Flegelei über seinen Musikdirektor, allerdings nicht die Drucklegung des Pamphlets *»bey Caspar Jakhel auf dem Speersorth«*.

Telemann schrieb dazu am 30. Oktober 1724 an Uffenbach: *»Anitzo komme ich ins Gedränge bey hiesiger Oper, indem man mich für den Verfasser des neulich gemeldeten Stückes des Patrioten, und worgegen man in einem Anhange zur Oper Don Quixotte aufs bitterste Rache üben wollen, gehalten; dieser Anhang aber wurde vom Richter verboten aufgeführt zu werden, da ich inzwischen, meine Oper zu retten, mit allerhand Ehren-Titteln um mich geworfen hatte; Gestern aber ward der Verfasser des ersten entdecket, und erwarte ich nun, wie man sich mit mir vergleichen wird.«*

Als besondere Pikanterie bleibt zu berichten, daß Telemann, den der Humor auch in bittersten Situationen nie verließ, diese Satire offenbar Prätorius nicht nachgetragen hat, denn der schrieb ihm im folgenden Jahr das Libretto zum tragikomischen Opern-Intermezzo PIMPINONE, das ausgerechnet eine unglückliche Ehe zum Motiv hat (eine Magd heiratet ihren Herrn und schikaniert ihn nach der Eheschließung), eine der bezauberndsten Opernschöpfungen Telemanns mit geradezu mozartischen Anklängen, der auch heute der Bühnenerfolg nicht versagt ist.

Der Hamburger *Patriot* verbreitete aber nicht nur Satiren, sondern zumeist durchaus Wissenswertes. So brachte er in der Ausgabe vom 27. Januar 1724 einen aufsehenerregenden Bericht von einem nicht ganz dreijährigen Wunderkind in Lübeck: Christian Henrich Heineken, Sohn des Malers Paul Heineken.

Mit zehn Monaten begann dieses Kind zu sprechen, mit vierzehn Monaten konnte es alle Geschichten des Alten und des Neuen Testaments erzählen, mit dreißig Monaten beherrschte es die Geschichte der Ägypter, Assyrer, Hebräer, Phönizier, Perser, Griechen und Römer und zeigte eine überdurchschnittliche Kenntnis in der Geographie.

Dieses Phänomen examinierte nun einen vollen Tag lang der Rektor des Lübecker Katharineums, Johann Henrich von Seelen; er berichtete darüber ausführlich im *Patriot*.

Das Kind besaß einen Wortschatz von über 8000 lateinischen Vokabeln und von über 1500 lateinischen Sinnsprüchen und Zitaten, konnte über 200 Kirchenlieder und 80 Psalmen auswendig, verstand zu addieren, zu subtrahieren und zu multiplizieren, beherrschte das Einmaleins vorwärts und rückwärts und sprach fließend lateinisch und französisch. Das Lesen lernte es ganz von selbst, das Schreiben erst später, denn der kleine Körper, der eine solch beängstigende Fülle an Wissen völlig mühelos speichern konnte, war überaus hinfällig und schwach, und es dauerte lange, bis das Kind überhaupt eine Feder halten konnte. Christian Henrich Heineken wollte nichts anderes zu sich nehmen als die Milch seiner Amme. Auch bei Examen – etwa durch den dänischen König – unterbrach das Knäblein ohne weiteres seine Befragung mit dem Satz: *»Nu, Sophie, gef mi de Titt, ick bün döstig«* (Nun, Sophie, gib mir die Brust, ich bin durstig); denn es sprach das Niederdeutsche ebenso geläufig wie das Hochdeutsche. Den dänischen König verblüffte das Kind mit einer exakten Beschreibung der menschlichen Anatomie, dargelegt an einem Skelett, und mit sachverständigen Ausführungen zur Genealogie des dänischen Königshauses.

Telemann kannte nicht nur den Aufsatz im *Patriot*, sondern auch dessen Verfasser Johann Henrich von Seelen, und der bat die Heinekens, Telemann mit dem wunderbaren Kind bekannt machen zu dürfen. Und so reiste Telemann im Januar 1725 nach Lübeck, um abends im Hause des Malers Heineken des Wunderkindes ansichtig zu werden. Dessen Lehrer berichtete darüber ein Jahr später umständlich:

»Zu dieser Zeit war nur noch von dem holden Schein seiner mit sich aus Dänemark gebrachten Ge-

nesung, die einige dunkelhafte Demmerung übrig; gestalt seine bereits schlaffen Beinlein es nur noch kaum von seinem Lehn-Stuhl, bis zu uns, an den Tisch, ohne Hand-Leitung, forttragen konnten. – In welcher Demmerung es auch noch die vergnügende Ehre hatte, so wohl den Hochgelahrten Herrn Licentiaten von Seelen, mit seiner geliebtesten Frau Ehe-Genossin, als auch den vor hochgenannten fürtrefflichen Hochfürstlichen Eisenachischen Capell-Meister, und durch gantz Europa berühmten Hamburgischen Music-Directorem, Herrn Georg Philip Telemann, den drey und zwanzigsten Jenner, Abends, von sieben, bis zehen Uhr, bey sich zu sehen, und dieselben nicht sonder ihrer gnugsamen Ergötzlichkeit, über die Beredsamkeit seines gelehrten Mundes, verließ, indem es sich nach seinem Ruhe-Kämmerlein hinwandte. – So viel uns noch von diesem damahligen angenehmen Zeit-Vertreibe im schwachen Gedächtniß schwebet, deucht uns, es habe etwas weniges von der Ton-Kunst, und wegen eines gewissen mit beysitzenden Herrn Bräutigams, den zehenden Titul des ersten Buches der Justinianischen Grund-Gesetzen, von der Hochzeit und denen Ehe-Sachen, hernach ein und anders, aus denen heiligen Schriften angeführet, nicht weniger die Geschichte Ludewigs des Vierzehenden in Frankreich, wie auch das gelobte und andere angräntzende Länder betrachtet: davon wir alhier aus viel erinnerten Uhrsachen, keine gewissenhafte Meldung darthun können.«

Drei Stunden hatte die Vorstellung gedauert, die Telemann dermaßen beeindruckte, daß er »*voller*

Verwunderung, in diese Worte ausbrach: ›Warlich, wann ich ein Heide wäre, ich fiele nieder, und betete dies Kind an!‹« – wie sich der Rektor von Seelen später erinnerte. Ein halbes Jahr nach Telemanns Besuch starb Christian Henrich Heineken im Alter von vier Jahren, vier Monaten und einundzwanzig Tagen, in vollem Bewußtsein seines bevorstehenden Todes und mit dem letzten Wort: *»O Herr Jesu, nimm meinen Geist auf!«* Telemann schrieb sofort drei Nekrolog-Gedichte:

> *Kan dort, im Zehnten Jahr*
>   *ein Kind (als Doctor in Purpur) prangen?*
> *Dies ward im Vierten schon*
>   *fast dessen wehrt geacht;*
> *Und wär es als ein Greis*
>   *aus dieser Welt gegangen,*
> *Es hätte Phoebum gar an Lorbeern arm*
>   *gemacht.*

> *Kind, dessen gleichen nie*
>   *vordem ein Tag gebahr!*
> *Die Nachwelt wird Dich zwar*
>   *mit ewgem Schmuck umlauben,*
> *Doch auch nur kleinen Theils*
>   *Dein großes Wissen glauben,*
> *Das dem, der Dich gekannt,*
>   *selbst unbegreiflich war.*

> *Was wir von klugen Kindern lesen,*
> *Verdienet unvergeßlich Preis;*

Doch wer, was HEINEKEN gewesen,
Aus dessen eignem Munde weiß,
Der sagt ohn allen Gleißner-Schein:
Er kann der andern Vater seyn.

Das zweite Gedicht verbreitete der Hamburger Stecher Christian Fritzsch 1726 auf einem Kupfer nach einem Miniaturbildnis des »Lübecker Kindes«, aber die Nachwelt dachte, anders als Telemann, nicht daran, es mit ewigem Schmuck zu umlauben: Das Wunderkind Heineken ist so gründlich vergessen, daß es in keiner modernen Enzyklopädie verzeichnet ist, ja der Kupferstich wurde sogar für ein allegorisches Bildnis des frühbegabten Kindes Telemann gehalten*.

Im Mai 1728 feierten die Oberalten ihr zweihundertjähriges Bestehen, und da der läppische Streit mit Telemann längst ausgestanden war, beauftragten sie ihn, für die Feier die unumgängliche Jubel-Musik zu komponieren. Natürlich erwarteten die alten Herrschaften, daß ihnen der Rat ihre Festlichkeit bezahle, aber der dachte nicht daran. Mit 600 Mark, so ließ die Kämmerei die Oberalten wissen, dürften sie als Zuschuß rechnen. Darüber waren die Greise dermaßen beleidigt, daß sie das Geld ablehnten und alles selbst bezahlten, dafür aber niemanden einluden, nicht einmal den Rat. Ein Farbtupfer zur innerstädtischen Demokratie Hamburgs.

Im Herbst 1728 begann Telemann ein Unternehmen, für das es bisher keine Parallele gegeben hatte: Er veröffentlichte ein Musik-Journal mit Kompositionen für den Hausgebrauch (Lieder und Instru-

Das Lübecker Wunderkind Christian Henrich Heineken.
Kupferstich von Christian Fritzsch (1726) nach einer im April 1724 auf Elfenbein gemalten Miniatur von Johann Harper, die den Knaben im Alter von drei Jahren und zwei Monaten zeigt; als Unterschrift ist dem Stich eines der drei Nekrolog-Gedichte Telemanns auf das Ableben des berühmten Kindes beigegeben

mentalwerke) unter dem Titel DER GETREUE MUSIC-MEISTER, das in 25 »*Lectionen*« herauskam, deren Erscheinen in der Zeitung annonciert wurde.

Was Telemann mit diesem Unternehmen bezweckte, hat er in der Vorrede mit dem ihm eigenen Humor formuliert: »*Man könnte mir indeß etwan einwerfen, daß es von einer einzelnen Person nicht wenig gewagt sey, dergleichen Werk zu unternehmen, worin so vielerley Sachen vorgetragen werden sollen. Es ist wahr, und habe ich mich desswegen lange bedacht, ehe ein fester Schluß gefasset worden; ich sehe auch im Voraus, daß manche Lection mit etwas Schweiß begleitet seyn dürfte, ob ich mich schon einiger massen darauf verlassen könnte, daß mich die Noten bisher fast so bald gesuchet, als ich mich nach ihnen umgesehen. Aber, weil der Mensch der Arbeit wegen, und um dem Nächsten zu dienen, lebet, so habe ich mich endlich diese Hinderniß nicht anfechten lassen, zumal, da ich darauf gerechnet, ich würde zur muntern Fortsetzung dieser Sätze auch dadurch angefrischet werden, weil ich mich an einem Orte befinde, wo die Music gleichsam ihr Vaterland zu haben scheinet, wo die höchsten und ansehnlichsten Personen die Ton-Kunst ihrer Aufmerksamkeit würdigen, wo verschiedene vornehme Familien Virtuosen und Virtuosinnen unter den ihrigen zehlen, wo so mancher geschickter Lehrling der Music die Hoffnung machet, daß sie hier beständig wohnen werde, und wo endlich der Schau-Platz so viele bündige Gedancken auswärtiger Componisten durch die auserlesensten Stimmen dem Gehöre mittheilet.*«

Wie so oft stach der Unermüdliche, um die Kosten für den Stecher zu sparen, die Noten selbst in die Kupferplatten (er brachte es dabei auf neun bis zehn Platten täglich), oder er verwendete ein gerade in England erfundenes Verfahren, bei dem die Noten auf eine Platte aus einer Zinn-Blei-Legierung mit Bleistift aufgetragen wurden, die dann ein anderer ausschabte.

Dem Musikfreund von heute ist es möglich, aus einem breiten Angebot zu wählen und sofort zu kaufen. Das aber war zu Telemanns Zeit nicht möglich. Das Übliche war, sich Noten selbst zu kopieren und Kopien auszutauschen. Im Druck lag nur weniges vor, ja es gab in Hamburg nicht einmal einen Musikverleger, so daß Telemann bis zum Herbst 1740 Komponist und Verleger in einer Person sein mußte. Und das nicht nur für sich: Er verlegte auch Kompositionen anderer Musiker. Insgesamt zeichnete er für 42 Notenwerke als Verleger.

Auch der GETREUE MUSIC-MEISTER enthielt Kompositionen, die nicht aus Telemanns Feder stammten. Johann Sebastian Bach ist vertreten (mit BWV 1074) und Jan Dismas Zelenka, um nur die bedeutendsten der dreizehn namentlich genannten Komponisten aufzuführen. Geliefert werden sollten Stücke für den Dilettanten (das Wort hatte damals noch nicht die abschätzige Bedeutung wie heute, es bedeutete einfach nur »Liebhaber«). Sie durften also einen bestimmten Schwierigkeitsgrad nicht überschreiten und mußten die damals in der Hausmusik gebräuchlichen Instrumente berücksichtigen. Es war

Musik aus der Praxis für die Praxis. Und der jeweilige Bogenumfang (das gilt für fast alle gedruckten Telemann-Editionen) durfte aus Kostengründen nicht überschritten werden. Eine Cembalo-Fantasie hatte eben nicht länger als zwei Seiten zu sein, ein Lied oder ein Choralvorspiel für die Orgel nur eine Seite. Eine solche Beschränkung war den Künstlern damals selbstverständlich; dem Geniekult des 19. Jahrhunderts, das Kompositionen für Ideal-Ensembles schuf, hätten die Musiker des Barock verständnislos gegenübergestanden. »Was geht mich Ihre verdammte Geige an!« raunzte Beethoven, als ihm der Geiger Schuppanzigh erklärte, er könne eine bestimmte Stelle in einem der späten Streichquartette Beethovens auf seiner Geige nicht spielen. Ein Komponist des 18. Jahrhunderts hätte Schuppanzighs Einwand sehr ernst genommen.

Seine gedruckten Noten waren für Telemann ein nicht unwichtiger Teil seines Erwerbs, denn er gab sie Buchhändlern in Leipzig, Berlin, Nürnberg, Jena, London und Amsterdam zum Verkauf in Kommission (nur in Wien hatte er damit keinen Erfolg), und gedruckte Kataloge informierten die Interessenten, was alles bei dem berühmten Hamburger zu haben sei, und es gab keine denkbare Kombination in der Hausmusik, auch im Schwierigkeitsgrad, die Telemann vernachlässigt hätte.

Wie berühmt er damals war, erhellt aus einem Gedicht Gottscheds, in dem gefragt wird: »*Ist Telemann und Hendel nicht bekannt?*« Was Johann Christoph Gottsched damals in seinem Lob Germaniens rhetorisch fragte, führte er in seiner Zeitschrift *Der Biedermann* im Dezember 1728 näher aus. Gottsched, der damals für die Literatur Deutschlands das war, was Mattheson in Hamburg für die Musik, sorgte sich ähnlich wie die Hamburger Oberalten um eine Musik, die »*Reitzungen zur Wollust*« schaffen könnte. Davon nahm er Telemann ausdrücklich aus:

»*Und ich beklage auch die Meister in der Musick, die sich genöthiget sehen, durch ihre göttliche Kunst, der Geilheit und Wollust zu statten zu kommen, ja so zu reden einer gifftigen Poesie das rechte Leben zu geben. Wie viel edler könnten sie nicht dieselbe anwenden, wenn sie, wie der berühmte Hamburgische Künstler Telemann, in geistlichen und anderen erbaren Stücken, ihr Talent wiesen. Dieser berühmte Mann ist einer von den dreyen musicalischen Meistern, die heute zu Tage unserm Vaterlande Ehre machen. Hendel wird in London von allen Kennern bewundert, und der Herr Capellmeister Bach ist in Sachsen das Haupt unter seines gleichen. Sie breiten auch ihre Sachen nicht nur in Deutschland aus, sondern Italien, Frankreich und Engelland lassen sich dieselben häufig zuschicken und vergnügen sich schon darüber.*«

Sieht man von Italien ab, so war diese Bemerkung, soweit sie Telemann galt, durchaus richtig. Als Telemann sein größtes Instrumentalwerk, die TAFELMUSIK, 1732 zur Subskription ausschrieb, fanden sich für die damalige Zeit immerhin bemerkenswerte 206 Subskribenten, und das nicht nur in Deutschland, wo in Dresden die Musiker Pantaleon Hebenstreit, Johann Georg Pisendel und Johann Joachim Quantz zeichneten; Bestellungen kamen auch aus Paris und Lyon, Kopenhagen und London (Händel!), Winterthur und Delft, sogar aus Spanien und Norwegen. Händels Subskription diente auch einem ganz praktischen Zweck: Er entlehnte nämlich Motive aus sechzehn Sätzen der TAFELMUSIK für Opern, Oratorien und Orgelkonzerte, was damals keineswegs als Plagiat galt.

Der Titel »Tafelmusik« war nicht neu. Schon 1621 hatte der bereits erwähnte Engländer Thomas Simpson in Hamburg seine TAFFEL-MUSIC veröffentlicht. G. W. Druckenmüller war ihm 1668 mit einem TAFFEL-CONFECT gefolgt, J. W. Forchheim hatte 1674 eine TAFEL-BEDIENUNG und Johann Fischer (wieder in Hamburg) eine TAFEL-MUSIC erscheinen lassen. Zu den stundenlangen Schmausereien des Barock war eine Tafelmusik ganz unumgänglich, und da den Menschen damals noch nicht die Ohren verstopft waren von einer sich »Musik« nennenden schwachsinnigen Dauerberieselung von morgens bis abends wie heute, war eine Tafelmusik nicht einfach eine einlullende Geräuschkulisse; man hörte zwischendurch nämlich auch zu und ließ sich die leiblichen Genüsse durch musikalische Qualität würzen.

In diesem Sinne nun war Telemanns TAFELMUSIK aber doch keine Tafelmusik. Sein Werk gliedert sich in drei »*Productionen*«, die alle dem gleichen Formschema folgen: Jede beginnt mit einer Orchestersuite, dann folgt ein Quartett, dann ein Konzert, dann eine Trio-Sonate, dann eine Solo-Sonate und schließlich eine *»Conclusion«* in der Besetzung der eröffnenden Orchestersuite. Es war gleichsam eine Hohe Schule der Gattung Tafelmusik, und wenn auch manches dem praktischen Gebrauch bei der Festtafel gedient hat, so war es doch auch so etwas wie ein Handbuch anmutiger Unterhaltungsmusik, und unterhaltende Musik zu komponieren galt damals keinesfalls für abträglich, zumal sie sich auf einem Niveau bewegte, die von heutiger Unterhaltungsmusik mondweit entfernt ist. Man sollte nicht vergessen, daß auch Bachs vier Orchestersuiten und die sechs BRANDENBURGISCHEN KONZERTE Unterhaltungsmusik waren. Jene Zeit hatte noch nicht unsere völlig abgestumpften und trivialisierten Ohren; entsprechend höher dürfte auch das Niveau damaliger Tafelgespräche gewesen sein.

Telemanns Ruhm war aber schon vor dem Erscheinen der TAFELMUSIK ins Ausland gedrungen. Schon 1729, so berichtet er selbst, *»wurde mir aus Rusland gewincket, um eine deutsche Capelle zu errichten, die sich hernach in eine welsche verwandelt hat. Hamburgs Annehmlichkeit aber, und der Vorsatz, nach vorhergegangenem viermahligen Rücken, endlich stille zu sitzen, überwogen die Begierde nach einer außerordentlichen Ehre«*.

Wie bekannt Telemann im Ausland war, beweist neben der Subskribentenliste für die TAFELMUSIK auch ein 1733 in Amsterdam gedruckter CATALOGUE DES ŒUVRES EN MUSIQUE DE MR. TELEMANN, in dem 42 lieferbare Kompositionen des Meisters aufgeführt sind, dazu sein TRAKTAT ÜBER DAS REZITATIV

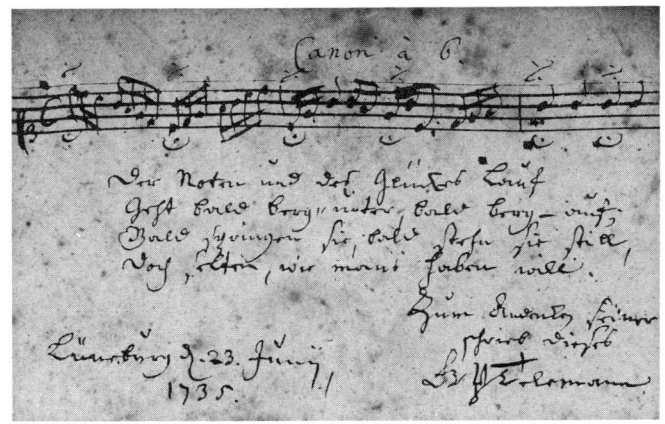

Eintragung Telemanns in das Stammbuch
des Lüneburger Studenten Conrad Arnold Schmid vom 23. Juni 1735:
»Der Noten und des Glückes Lauf / Geht bald berg-unter, bald berg-auf, /
Bald springen sie, bald stehn sie still, / Doch selten, wie mans haben will. –
Zum Andenken seiner schrieb dieses G. P. Telemann.«

(TRAITÉ DU RÉCITATIF); die Bestellungen waren an Telemann selbst zu richten.

Der Wunsch, »*endlich stille zu sitzen*«, schloß aber kleinere Reisen nicht aus. Meist gingen sie ins Hamburger Umland, nach Wandsbeck*, Lübeck, Plön oder Lüneburg. Und 1731 gönnte sich der Vielbeschäftigte zum erstenmal eine Kur: Er fuhr nach Bad Pyrmont. Dort lernte er den musikliebenden Fürsten Carl August Friedrich von Waldeck kennen, der in Pyrmont ein Schloß besaß und damals gleichfalls dort die Kur gebrauchte. Damit es ihm aber nicht langweilig würde, hatte sich der Fürst gleich seine ganze Hofkapelle mitgebracht: eine Sängerin, 4 Streicher, 2 Oboisten, 2 Fagottisten, 2 Waldhornisten, 3 Trompeter und einen Pauker, nämlich den Mohren August; derlei exotischen Glanz liebte das 18. Jahrhundert ganz besonders. Man bezog diese Mohren ohne jeden Skrupel über den Sklavenhandel, beschäftigte sie als Lakaien und in der Musik, dort aber nie anders denn als Pauker oder Beckenschläger, und das war noch in Napoleons Militärmusik der Brauch.

Telemann hat mit dieser Kapelle offenbar auch musiziert, und als er 1734 zur zweiten dreiwöchigen Kur in Bad Pyrmont eintraf, brachte er eine musikalische Reminiszenz seines ersten Aufenthalts druckfrisch im Gepäck mit: MELODISCHE FRÜHSTUNDEN BEYM PYRMONTER WASSER, Sonaten (eingeteilt in »*Curwochen*«) für Violine, Viola und Basso continuo.

Er war dann noch ein drittes Mal in Bad Pyrmont, im Sommer 1736. Wir wissen nicht, ob das vor oder

Hamburgs Stadtzentrum um 1735.
Ganz links der Große Kran,
daneben die Waage mit der Commerzbibliothek
im ersten Stock, in der Mitte die Börse
mit dem offenen Vorplatz.
Die Straßenzeile rechts zeigt in der Mitte
das Niedergericht (mit Balkon)
und vorne rechts einen Teil des alten
Rathauses an der Trostbrücke.
Kupferstich von Christian Fritzsch

gleich nach dem Tod seiner zweiten Frau* war. Denn Maria Catharina Telemann, Mutter von neun Kindern (in Hamburg waren noch drei 1723, 1724 und 1726 geboren worden), starb 1736. Telemann meldete das Ereignis im September seinem Briefpartner, dem Kaufmann J. R. Hollander in Riga, mit dem la-

konischen Satz: »*Die Frau ist von mir weg, und die Verschwendung aus.*« Die Ehe war längst gescheitert, und Telemann muß über den Tod seiner Frau geradezu erleichtert gewesen sein. Die Verschwendung: Frau Telemann hinterließ Schulden in Höhe von 5000 Reichstalern (etwa 18125 Hamburgische

Mark), und das erklärt, warum Telemann so aberwitzig hatte schuften müssen.

Aber in Hamburg gab es nicht nur taktlose Satiriker. Der gutmütige, humorvolle und allgemein beliebte Komponist hatte hier in den bisherigen vierzehn Jahren seines Wirkens viele Freunde gefunden, die jetzt einsprangen. Sie ließen (»*ohne mein Wissen*«) in der ganzen Stadt für den bedrängten Mann eine Kollekte veranstalten, die über 600 Reichstaler (etwa 2175 Hamburgische Mark) einbrachte, nachdem Telemann die dringlichsten Gläubiger aus eigenem Vermögen mit über 3000 Reichstalern (etwa 10875 Hamburgische Mark) hatte befriedigen können, »*wovon ich nicht weiß, woher sie gekommen sind*«.

Dem Rigaer Kaufmann Hollander gesteht er dies in einem launig gereimten Briefgedicht, dem die ungeheure Erleichterung wohl anzumerken ist; er hatte Hollander vermutlich im Hause seines Freundes Brockes kennengelernt, als der Kaufmann Hamburg besuchte. Wie liebenswert schlitzohrig der witzige Telemann sein konnte, zeigt das erwähnte Briefgedicht an Hollander vom 1. September 1736:

> *»Mein Zustand steht anitzt*
>   *noch ziemlich zu ertragen.*
> *Die Frau ist von mir weg,*
>   *und die Verschwendung aus.*
> *Kann ich der Schulden mich*
>   *von Zeit zu Zeit entschlagen,*
> *So kehrt das Paradies*

> *von neuem in mein Haus.*
> *Das wehrte Hamburg hat*
>   *mir treulich beygestanden,*
> *Und seine milde Hand*
>   *voll Großmut aufgethan.*
> *Doch auswerts sind vielleicht*
>   *noch Gönner mehr vorhanden.*
> *Getrost! ich bin indeß*
>   *Dein Diener*
>   *Telemann.«*

Diesen Wink – »*doch auswerts sind vielleicht noch Gönner mehr vorhanden*« – dürfte der nicht unvermögende Kaufmann Hollander wohl so verstanden haben, nun seinerseits (und in Riga) einiges springen zu lassen. Ach, dieses Glückskind Telemann! Es waren für ihn zeitlebens »*auswerts Gönner mehr vorhanden*«. Kein Brief spricht künftig mehr von Schulden, wohl aber von einer unendlichen Befreiung.

Jetzt endlich konnte Telemann seine »*längst-abgezielte Reise nach Paris*« ins Auge fassen; eingeladen hatte man ihn schon oft »*durch einige der dortigen Virtuosen, die an etlichen meiner gedruckten Wercke Geschmack gefunden hatten.*« Telemann war jetzt dreiundfünfzig Jahre alt und damit nach damaligem Sprachgebrauch bereits ein »alter Herr«. Wenn er überhaupt noch etwas von der Welt außerhalb Deutschlands sehen wollte, so mußte es jetzt geschehen.

Die Reise nach Paris (1737/1738)

Telemann trat seine Reise nach Paris »*um Michaelis*« an (= 29. September 1737), und man kann ohne Übertreibung sagen: Er wurde in Paris schon sehnsüchtig erwartet. Das war nicht selbstverständlich, denn die deutsche Musik, wie überhaupt alle deutsche Kultur, war damals im Ausland wenig angesehen, zum wenigsten in Paris, das sich in jeder Weise für den Nabel der Welt hielt und den Ton anzugeben glaubte. Daß man als einzigen deutschen Künstler gerade Telemann in Frankreich so besonders schätzte, lag wohl daran, daß er nicht nur Stilelemente des französischen Kompositionsstils in seinem Schaffen bevorzugt verwendete, sondern sich insgesamt als Vertreter des »galanten Stils« hervortat. Dieser Stil, zuerst in Frankreich von François Couperin und Jean Philippe Rameau aufgenommen, suchte die Musik aus den Verkrustungen eines inzwischen starr gewordenen Barockstils zu befreien. Die geschmeidige Eleganz dieser Musik, die der Begriff »galant« gut umschreibt und die schon eher dem Rokoko als dem Barock zugehört, ist ein Stilmerkmal Telemanns und gewann ihm auch in Frankreich zunehmend

Verehrer. Schon 1736 hatte der Musiker Charles Nicolas Le Clerc das königliche Privileg auf Musikveröffentlichungen erhalten, unter denen sich auch fünf Werke Telemanns befanden. Bei den völlig ungesicherten Urheberrechtsverhältnissen jener Zeit bedeutete das, daß für die fünfzehnjährige Dauer des Privilegs das Exklusivrecht der Publikation bei Le Clerc lag, womit die Pest der Raubdrucker in Frankreich jederzeit strafrechtlich verfolgt werden konnte. Le Clerc hatte noch im gleichen Jahr Telemanns sechs Quartette für Violine, Flöte, Gambe (Cello) und Basso continuo (1733) erstmals in Frankreich stechen lassen; daher die Bezeichnung PARISER QUARTETTE. Im Vorwort zu dieser Veröffentlichung schrieb Le Clerc:

»Die Quartette Telemanns sind so allgemein gelobt, daß man glaubt, der Öffentlichkeit mit einer neuen Ausgabe, die schöner gestochen und auf besserem Papier gedruckt ist als alle bisher erschienenen, eine Freude zu bereiten. Es bleibt zu hoffen, daß die hierauf verwendete Sorgfalt nicht nur der Schönheit dieses Werkes entspricht, sondern daß sie auch von großem Nutzen ist für eine vollendete Aufführung.«

Telemann war gerade vier Monate in Paris, da wurde ihm selbst ein königliches Privileg für zwanzig Jahre verliehen, das ihn vor unautorisierten Nachdrucken schützte. Das erste Werk unter diesem Privileg waren die 1738 in Paris veröffentlichten NOVEAUX QUATUORS, sechs Quartette in der Besetzung der ersten von 1733 und auch wie diese PARISER QUARTETTE genannt. Auf der Subskribentenliste der neuen Quartette standen die erlauchtesten Namen der französischen Gesellschaft, aber auch deutsche Komponisten wie etwa Johann Friedrich Fasch, Johann Georg Pisendel und *»Mr. Bach de Leipzig«*. Zufrieden konnte Telemann zwei Jahre später berichten:

»Die Bewunderungswürdige Art, mit welcher die Quatuors von den Herren Blauet, Traversisten, Guignon, Violinisten; Forcroy dem Sohn, Gambisten; und Edouard, Violoncellisten, gespielet wurden, verdiente, wenn Worte zulänglich wären, hier eine Beschreibung. Gnug, sie machten die Ohren des Hofes und der Stadt ungewöhnlich aufmercksam, und erwarben mir, in kurtzer Zeit, eine fast allgemeine Ehre, welche mit gehäuffter Höflichkeit begleitet war.«

Die von ihm genannten Musiker Michel Blavet, Jean Pierre Guignon, Jean Baptiste Forqueray und Édouard gehörten zur Pariser Virtuosenprominenz, und der Flötist Blavet hatte 1732 von der TAFELMUSIK gleich zwölf Exemplare subskribiert. Da der immense Fleiß Telemann auch in Paris nicht verließ, komponierte er nach den NOVEAUX QUATUORS gleich noch die CANONS MÉLODIEUX für zwei Querflöten oder Violinen und eine Vertonung des 71. (in Luthers Zählung 72.) Psalms DEUS JUDICIUM TUUM, die am 25. März 1738 in den Tuilerien, dem – 1871 niedergebrannten – Stadtschloß der französischen Könige, *»von bey nahe hundert auserlesenen Personen, in dreien Tagen zweimahl, aufgeführet wurde«*. Was Telemann nicht erwähnt: Die Zuhörer waren begeistert, und Telemann war in Paris endgültig als Komponist etabliert.

Kein Wunder, denn der Musikkritiker Johann Adolph Scheibe, der in seinen Hamburger Jahren eng mit Telemann zusammenarbeitete, konnte damals darauf verweisen, *»daß man, ohne der Schmeicheley beschuldiget zu werden, mit Recht von ihm (Telemann) sagen kann: er habe als ein Nachahmer der Franzosen, endlich diese Ausländer selbst in ihrer eigenen Nationalmusik übertroffen. Wer weis auch nicht, daß ihm Frankreich selbst diesen Ruhm zugesteht, und daß ihm folglich kein wahrer Kenner der Tonkunst die größte Stärke in der Verfertigung französischer Musikwerke absprechen wird; zumal keine Art derselben ist, die er nicht einsieht und auszuüben weis, und in der er nicht schon längst ihre ersten Urheber weit hinter sich gelassen hat.«*

Telemann hat in Paris weit mehr komponiert als die drei genannten Werke. Aber die anderen von ihm in seiner 1739 geschriebenen Autobiographie erwähnten Kompositionen sind entweder verlorengegangen oder heute nicht mehr zu identifizieren. Als *»Herr Telemann, Meister der Musik«* im Mai 1738 Paris verließ, schied er *»mit vollem Vergnügen von dannen, in Hoffnung des Wiedersehens«*. Aber dazu kam es nicht mehr.

Der allem Neuen stets begierig aufgeschlossene Telemann hatte in Paris ein merkwürdiges Instrument kennengelernt, die sogenannte Augenorgel des französischen Mathematikers Castel. Bei diesem Instrument erschien bei jedem Ton, den das Niederdrücken der Taste bewirkte, eine Farbe, bei Akkorden entsprechend neue Kolorierungen, insgesamt 144 Farbtönungen. Das war nun genau eine Schöpfung, wie sie jene in das Gesamtkunstwerk verliebte Zeit schätzte. Als Telemann in Paris diese Augenorgel selbst besichtigte, war sie noch nicht ganz vollendet. Als es ein Jahr später soweit war, veröffentlichte der Erfinder Castel eine Beschreibung, die Telemann sofort ins Deutsche übertrug und drucken ließ.

Die Zeitschrift *Hamburgische Berichte von Gelehrten Sachen* schrieb darüber ausführlich 1739 und fügte mahnend hinzu:

»Hr. Telemann wird indes die Kenner der Musik gar sehr verbinden, wenn er, seinem Versprechen gemäs, den gegenwärtigen Zustand der Musik zu Paris, so wie er ihn aus eigener Erfahrung erlernet hat; deutlich beschreibet, und dadurch die französische Musik, welche er in Teutschland so sehr in Aufnahme gebracht, immer beliebter bey uns zu machen suchet.«

Dazu hat sich Telemann leider nie aufraffen können, und auch in seinen (erhaltenen) Briefen findet sich kein Bericht über die acht Monate in Paris. In der französischen Metropole aber blieb er noch lange lebendig, denn bis 1775 wird Telemanns Name in der Pariser Presse erwähnt, vor allem mit Aufführungen seiner Werke.

Anfang Juli 1738, wieder in Hamburg, bekam der Zurückgekehrte einen Brief von Barthold Hinrich Brockes, der damals das zu Hamburg gehörende Amt Ritzebüttel (heute Cuxhaven) versah. Der gefeierte Dichter drückt darin seine Freude *»über Dero glücklichen retour in Hamburg«* aus und wundert sich mit barocker Höflichkeit, *»daß auch Franckreich Sie wieder von sich gelassen und Sie nicht gezwungen hat bey Ihnen zu bleiben«*.

Geht auch aus diesem Brief hervor, daß Brockes gar nicht wußte, wie herzlich Telemann in Paris aufgenommen worden war: Das Hamburger Publikum würdigte den Erfolg des Mitbürgers durchaus. Als nämlich Telemann 1740 die in Paris komponierte Psalm-Komposition DEUS JUDICIUM TUUM erstmals im Hamburger Drillhaus aufführte, vermerkte die Presse eigens in der Ankündigung über diese Komposition: *»...welche vor 2 Jahren für das prächtige Concert spiritual zu Paris verfertiget worden«*. Dieser Psalm gefiel den Hamburgern so gut, daß er bis Mai 1742 viermal wiederholt werden mußte.

Zu Recht, denn die 1738 geschaffenen PARISER QUARTETTE und der Psalm DEUS JUDICIUM TUUM gehören zum Bedeutendsten, das Telemann überhaupt komponiert hat. Als Kammermusik seiner Zeit sind die PARISER QUARTETTE unübertroffen in ihrem musikalischen Erfindungsreichtum und in ihrer Klangschönheit. In der wirkungsvollen Selbständigkeit der Gambe (oder des Violoncellos) weisen sie bereits über die monotone Generalbaß-Diktatur der Zeit hinaus und bereiten das Klangbild des autonomen Quartettsatzes der zweiten Hälfte des 18. Jahrhunderts vor. Die Stücke sind suitenhaft in sechs Sätze gegliedert, deren Satztypen ganz der Tradition französischer Kammermusik entsprechen und

George Philipp Telemann

darum wohl auch in Paris sofort Beachtung fanden. Aber dem französischen Stil werden Elemente des italienischen und deutschen Stils beigemischt; hinzu kommt die frische Gestaltung im Wechsel von Konzertform und Tanzform mit der Liedform. Und ebendiese Mischung macht den eigentlichen Reiz dieser sechs Quartette aus. Bemerkenswerterweise durchbricht das 3. Quartett, in G-dur, das Schema durch seine Einteilung in sieben Sätze (statt sonst nur sechs) und die Aufnahme der von Telemann so geliebten polnischen Klangelemente: Im fünften Satz dieses Quartetts erleben wir plötzlich den Polonaisen-Rhythmus und die Imitation des Dudelsack-Bordun. Bezeichnend ist hier der gleichsam schwebende Mittelteil dieses Satzes über gezupftem Baß, wie denn überhaupt die Mittelteile der Tanzformen von oftmals merkwürdig irisierendem Klangkolorit erfüllt sind. Sie erinnern an jene vier Klangvisionen, die Telemann für das ganz ungewöhnliche Ensemble eines reinen Violinen-Quartetts komponiert hat – wie so oft in seinem Werk ein Vorstoß in Neuland.

Bei der Kombination und der Charakterisierung von Querflöte, Violine, Gambe (Violoncello) und Cembalo erinnert man sich an Telemanns früh formulierten Grundsatz:

Georg Philipp Telemann.
Stich eines unbekannten Künstlers aus der Mitte des 18. Jahrhunderts

> *Gieb jedem Instrument
> das / was es leyden kan /
> So hat der Spieler Lust /
> du hast Vergnügen dran.«*

Und auch in seiner fast anmutig zu nennenden Psalm-Komposition DEUS JUDICIUM TUUM läßt er in den Chören (und die sind stets Telemanns besondere Stärke) Klangfarben erscheinen, die weit über das Jahr 1738 hinausweisen; der Schlußchor des Psalms bleibt für jeden unvergeßlich, der ihn einmal gehört hat. Wenn je die eigentlich ganz indiskutable, vor einigen Jahren aufgestellte These, Telemann sei im Grunde nur ein modischer Opportunist gewesen, ad absurdum geführt wird, so in diesen Werken seiner Pariser Monate.

Telemann war damals siebenundfünfzig Jahre alt. Er hatte fast noch zwanzig Jahre vor sich, zwei Jahrzehnte, in denen er immer vollkommener wurde.

Auf der Höhe des Ruhms
(1738–1759)

Seine Paris-Reise war Telemanns erster und letzter Auslandsaufenthalt, wobei wir seine gelegentlichen Abstecher ins Holsteinische, das damals der dänischen Krone unterstand, nicht mitrechnen wollen. Die Monate in Paris hatten ihm gezeigt, daß Frankreich ihn als den bedeutendsten Repräsentanten deutscher Musik ansah. Aber der bescheidene Telemann machte nichts daraus. Daß er für einen berühmten Mann galt, konnte man immer wieder in der Hamburger Presse lesen; dennoch begab er sich nach acht Monaten Freiheit und Umjubeltsein willig wieder ins Geschirr, und er fügte sich dem mit jener heiteren Gelassenheit, die der Grundzug seines Wesens war. Es scheint zwar so, als habe er von nun an etwas weniger gearbeitet. Aber was will das schon bei seinem gigantischen Arbeitspensum besagen?

Die Oper bestand inzwischen nicht mehr. Immer weniger Publikum war gekommen, das es mehr nach derberer Kost gelüstete (Lessing sollte das noch schmerzhaft zu spüren bekommen), und da die damalige Oper ein Privatunternehmen war, das Gewinne einspielen mußte, blieb die Schließung unvermeidbar.

Dennoch mußten die Hamburger nicht auf Opern verzichten: Es kamen immer wieder Theaterkompanien, die in Hamburg längerwährende Gastspiele gaben, oft über Monate hin; meist bestanden sie aus italienischen Opernvirtuosen.

Es wirkte geradezu symbolisch, daß kurz nach Schließung der Oper Reinhard Keiser starb, dessen Name so eng mit Hamburgs Oper verbunden ist. Keisers Tod bedeutete für viele nichts, die Zeit war allmählich über ihn hinweggegangen. Telemann, der achtzehn Jahre lang mit diesem Komponisten freundschaftlich zusammengearbeitet hatte, schrieb auf den Tod des Kollegen ein Sonett, das seines Verfassers noble Gesinnung bezeugt:

Ihr, die in Deutschlands Raum
 die Tonkunst Kinder nennet,
Laßt Keisers Untergang
 nicht fühllos aus der Acht.
Er hat um euren Ruhm
 sich sehr verdient gemacht,
Und manchen Ehrenkrantz
 den Welschen abgerennet.

Da seine Jugend noch
 in erster Gluth gebrennet,
Wie reich, wie neu, wie schön,
 wie gantz hat er gedacht!
Wie hat er den Gesang

zum vollen Schmuck gebracht,
Den dazumahl die Welt
  noch ungestalt gekennet!

Zu diesem zog ihn bloß
  ein angeborner Trieb,
Durch den er, ohne Zwang
  der Schulgesetze, schrieb.
Durch den wir mehr von ihm,
  als hundert Wercke, lesen.

Wir ehren dein Verdienst,
  du Züchtling der Natur,
Der, suchtest du gleich nicht
  der Kunst verdeckte Spur,
Dennoch der größte Geist
  zu seiner Zeit gewesen.

Einmal befreit von der Aufgabe, viel Zeit der Oper widmen zu müssen, entzog sich Telemann auch dem Zwang des Notenstechens. Im Herbst 1740 verkaufte er die Druckplatten von 44 seiner Werke, denn es gab inzwischen andere Verlage in Deutschland, denen er seine Werke zur Veröffentlichung anvertrauen konnte; vor allem aber gab es sie im Ausland, wo in London soeben die dritte Auflage seiner Sonaten für zwei Querflöten ohne Basso continuo erschienen war. Die zahlreichen Publikationen brachten regelmäßig Geld, so daß der Verlust von jährlich 300 Talern für die Operndirektion zu verschmerzen war, zumal ja auch die verschwenderische

Ehefrau zu Telemanns großer Erleichterung seit vier Jahren auf dem Friedhof von St. Johannis ruhte. Und die Kinder waren, wie man heute sagt, aus dem Gröbsten heraus. Drei waren noch in Hamburg geboren worden, drei Söhne, von denen der letzte aber schon nach 15 Monaten gestorben war. Gestorben war auch Friedrich Carl im zarten Alter von zwei Jahren, und kurz nach Telemanns Rückkehr aus Paris starb plötzlich der siebzehnjährige August Bernhard. Angesichts der hohen Kindersterblichkeit jener Zeit waren drei Todesfälle in einer Familie mit zehn Kindern sehr wenig. Die anderen Kinder wohnten um 1740 zumeist nicht mehr im Elternhaus: Maria Wilhelmina Eleonora, die Älteste, lebte in kinderloser Ehe in Neuendorf bei Glückstadt; Andreas war Prediger in Plön; Hans arbeitete in Kopenhagen als Sekretär des Grafen Ahlefeld; Heinrich Matthias lebte als Gewürzhändler in Hamburg; Anna Clara heiratete 1746 den auf der Insel Föhr wirkenden Organisten Peter Haase; Johann Barthold Joachim wurde später Chirurg; und Benedict Eberhard Wilhelm ging als Apotheker nach Stockholm.

Vater Telemann, der nun mehr Zeit für sich hatte, aber natürlich nicht müßig sein konnte, entdeckte plötzlich eine ganz neue Liebhaberei, die der Einundsechzigjährige erstmals 1742 seinem Briefpartner Uffenbach gestand:

»Ob diese (die Musik) *mein Acker und Pflug ist, und mir zum Hauptergetzen dienet, so habe ich ihr doch seither ein paar Jahren eine Gefehrtinn zugesel-*

let, nemlich die Bluhmen-Liebe, welche beyde wechselweise mich ihrer Annehmlichkeiten theilhaft machen [...] Ich gestehe dem nach meine Unersättlichkeit in Hyacinthen und Tulpen, meinen Geiz nach Ranunkeln und besonders Anemonen und meine Begierde nach den mehresten Zwiebelgewächsen.«

Ausgelöst hatte dieses Bekenntnis ein Versehen. Ein Verzeichnis der in seinem Garten gedeihenden Blumen war von Telemann statt einem Brief nach Durlach einem an Uffenbach beigelegt worden, wobei Telemann nicht wußte, daß auch Uffenbach *»der Blumen-Neigung zugethan«* war. Und da der sorgfältige Frankfurter dieses Blatt verwahrte, wissen wir, was in Telemanns Garten blühte: Anemonen, Fuchsschwanz, schwarze Sterndolde, Aurikeln, Astern, Tausendschönchen, Glockenblumen, Bartnelken, Chrysanthemen, Krokusse, Adonisröschen, Hyazinthen, Tulpen etc. Dieses »etc.« will bedeuten, daß viele der von Telemann nur lateinisch aufgeführten Pflanzen heute nicht mehr mit Sicherheit zu identifizieren sind.

Wo sich Telemanns Garten befand, wissen wir nicht. Auf alle Fälle vor den Toren der Stadt, denn das engbebaute Hamburg hatte – wie fast alle Städte damals – kaum Platz für Grün innerhalb seines Befestigungsrings. Einen kleinen Garten vor den Toren zu haben war damals überaus beliebt, denn die Menschen begannen jetzt die Natur und ihre Schönheiten zu entdecken, und Telemann hatte schon im Juni 1728 an Uffenbach geschrieben, daß *»bey so schönem Wetter, als es seither gewesen, die hiesigen Kirchen* *etwas leer von Menschen (deren sich viele auf ihren Gärten befinden)«* wären.

Die Reichen hatten ohnehin ihre Landhäuser vor den Toren, vorzugsweise in der Ländlichkeit der Dörfer Eimsbüttel, Horn und Hamm; das Landhaus des Ratsherrn Brockes lag unmittelbar vor dem Steintor, dort, wo heute der Besenbinderhof steht.

Von Telemanns Blumenliebe erfuhr nicht nur Uffenbach; Musiker-Kollegen wurden aufgefordert, ihm Pflanzen zu schicken. Entschuldigend schrieb Lorenz Christoph Mizler 1743 aus dem polnischen Kónskie: *»Ich kan von hier aus eher mit guten Victualien, als seltenen Blumen dienen.«* Und der Violinvirtuose Johann Georg Pisendel teilte 1749 aus Dresden mit: *»Anbey überschicke von denen verlangten Erdgewächsen, was ich aufbringen können, herzlich wünschend, daß nur etwas davon anstehen möge.«*

Selbst Freund Händel* in London wurde über die neue Leidenschaft informiert und schrieb im Dezember 1750 nach Hamburg: *»Wenn die Liebhaberei für exotische Pflanzen und dergl. Ihre Tage verlängern und die Ihnen eigene Lebhaftigkeit verjüngen könnte, so biete ich Ihnen mit aufrichtiger Freude an, etwas dazu beizutragen. Ich mache Ihnen dann ein Geschenk und sende Ihnen (durch beifolgende Adresse) eine Kiste mit Blumen, von denen mir Kenner dieser Pflanzen versichern, sie seien auserlesen und von bezaubernder Seltenheit; wenn man mir die Wahrheit sagt, so werden Sie die besten Pflanzen von ganz England erhalten; die Jahreszeit ist günstig, so daß*

Sie noch Blüten daran haben werden. Sie selbst werden der beste Richter sein; und ich erwarte Ihr Urteil darüber.«

Aber dieses Urteil kam nicht, weil Händels Blumenkiste nicht abgeschickt worden war. Und das lag daran, daß man Händel erzählt hatte, Telemann sei verstorben. Erst vier Jahre später erfuhr Händel die Wahrheit: *»Derselbe Capitän Jean Carsten, der soeben aus Ihrer Gegend hier angekommen ist, schickt mir durch einen Freund diese gute Nachricht, und daß Sie ihm eine Liste der exotischen Pflanzen mitgegeben hätten, die man Ihnen verschaffen möge. Ich ergreife diese Gelegenheit mit vielem Vergnügen, und habe Sorge getragen diese Pflanzen zu finden; und Sie werden sie fast alle bekommen.«*

Im August 1744 kam wieder einmal erlauchter Besuch nach Hamburg. Kurfürst Clemens August von Bonn wollte sich inkognito als Graf von Arensberg ein paar schöne Tage an der Alster gönnen, was den Rat von der lästigen (vor allem kostspieligen) Pflicht entband, ihm als Kurfürsten einen solennen Staatsempfang zu geben. Dennoch: Auch dem »Grafen von Arensberg«, von dem natürlich ganz Hamburg wußte, wer er wirklich war, mußte etwas geboten werden. Der Erbauer von Schloß Augustusburg (Brühl) logierte im feinsten Hotel am Platze, dem Kaiserhof am Neß, der dort stand, wo sich heute die Commerzbank befindet. Der Rat beschloß, dem Gast am 16. August (ein Sonntag und überdies der 44. Geburtstag des Kurfürsten) ein Fest zu geben. Denn wenn der hohe Herr auch Wert auf sein Inkognito legte: Er war schließlich ein Kurfürst, dessen Stimme in einer Hamburg betreffenden Angelegenheit irgendwann noch von Gewicht sein konnte. Die Ratsherren Brockes und Greve wurden beauftragt, ein Festprogramm zu entwerfen.

Dieses sah vor, den Kurfürsten mittags zu einer Lustpartie abzuholen. Vom Kaiserhof fuhr eine ganze Kutschen-Kolonne aus dem Steintor nach Hamm, wo Ratsherr Peter Greve sein Landhaus hatte. Dort wurde getafelt (natürlich Ochsenbraten, die Hamburger Spezialität im 18. Jahrhundert) und Greves Kunstsammlung besichtigt; am Spätnachmittag rollten alle wohlgelaunt in die Stadt zurück. Dort erwartete sie eine weitere Hamburger Spezialität, eine Lustpartie auf dem Wasser, nämlich auf dem Alster-Bassin, wie man damals die Binnenalster nannte, und zwar auf dem staatseigenen Schiff des Rats, umgeben von den Booten des Gefolges und einem weiteren, auf dem Sänger und Instrumentalisten um Telemann versammelt waren. Sie musizierten auf dem Wasser die in Hamburg so überaus beliebten Frühlingskantaten Telemanns* auf Texte von Brockes: ALLES REDET JETZT UND SINGET und DIE BETRACHTUNG DES WASSERS IM FRÜHLING, Vertonungen, die der Dichter für *»sehr glücklich«* hielt. (Übrigens hatte auch die Hamburger Premiere dieser beiden in Frankfurt komponierten Frühlingskantaten 1720 auf der Alster stattgefunden.)

Zwar beendete der Hamburger Regen vorschnell die Lustpartie – der hochweise Rat hatte auch das bedacht und ausreichend Regenschirme bereitstellen lassen –, aber der erlauchte Gast ließ huldvoll wissen, *»wie Höchstdieselben die Ihnen am abgewichenen Sonntage bezeigte Politesse Sich zu Allergnädigstem Gefallen gereichen lassen«*.

Barthold Hinrich Brockes starb drei Jahre später. Mit ihm verlor Deutschland einen seiner größten Lyriker, Hamburg einen angesehen Ratsherrn und Telemann einen Freund. Seine Mitbürger waren stolz auf ihn, denn sie wußten (und wußten zu schätzen), daß Brockes damals als der berühmteste Dichter Deutschlands galt. Wie sein Freund Telemann war auch Brockes ein Blumenenthusiast, und er bedichtete so viele Blumen, daß ihm die Hamburger seltene Gewächse ins Haus schickten mit dem Hinweis, diese kenne er vielleicht noch nicht, denn man habe sie in seinen Gedichten nicht erwähnt gefunden. Seine umfangreiche Gedichtsammlung IRDISCHES VERGNÜGEN IN GOTT (1721) erschien bis 1744 in sieben starken Bänden. Der hochmusikalische Brockes tat sich etwas darauf zugute, daß ihm die Ernennung zum Ratsherrn seiner Heimatstadt in dem Augenblick überbracht wurde, als er im Haus eines Freundes der Aufführung von Telemanns Vertonung seiner beiden Frühlingskantaten beiwohnte:

> *...so kann ich frey gestehn,*
> *Daß mich der Ehren-Stand*
> *für sich nicht so vergnüget,*
> *Als daß es sich damit*
> *so wunderbar gefüget,*
> *Daß eben meine Wahl*

BARTHOLD HEINRICH BROCKES,
SENATOR.

> *zur selben Zeit geschehn,*
> *Da ich, ein Sing-Gedicht,*
> * so ich zu Gottes Ehren*
> *In Andacht aufgesetzt,*
> * mit Andacht anzuhören,*
> *Vergnügt beschäftigt war.*
> * Es wallete das Blut*
> *Der meisten Hörer noch;*
> * Der süsse Zauber-Klang*
> *Von Telemanns Music,*
> * der liebliche Gesang*
> *Lag allen noch im Sinn'*
> * und füllte Sinn und Muht;*
> *Als ein starck-schnauffender*
> * beschwitzter Schwarm die Stiege*
> *Mit Stolpern gleichsam stürmt;*
> * man reisst die Thüren auf;*
> *Der Lärm vermehrte sich;*
> * es rief der gantze Hauf':*
> *Ich wär zu Raht erkies't!*

Solche Szenen aus seinem Alltag waren für Brockes immer wieder poetische Inspiration und für das fromme, sein Leben mit Behagen genießende

Barthold Hinrich Brockes.
Michael Richey schrieb über dieses Bild: »Wer ist, mein Leser, hier in Kupferstich gebracht? / Der Musen bester Sohn, der Deutschen Dichter Pracht; / Die Demut, die ja nur aus solchen Zügen lacht; / Die Weisheit, wenn sie sich auf Erden sichtbar macht.«

Glückskind steter Anlaß, Gott zu danken, der sein Leben so sichtbar gesegnet hatte. Und darum war ihm auch kein Gegenstand zu klein, bedichtet zu werden, ob Blumen oder Insekten, sein harmonisches Familienleben oder die Hamburger Fleischpreise. Liest man seine Gedichte, so entdeckt man allenthalben Parallelen zu Telemanns Charakter; die beiden müssen sich ausgezeichnet verstanden und ergänzt haben. Sein Passions-Oratorium DER FÜR DIE SÜNDE DER WELT GEMARTERTE UND STERBENDE JESUS hatten fünf Komponisten vertont, nämlich Keiser (1712/1713), Händel und Telemann (beide 1716), Mattheson (1718) und Stölzel (1720). Einige der schönsten Brockes-Gedichte komponierte Händel 1729 in seinen DEUTSCHEN ARIEN, die der Dichter sehr liebte und die von der Brockes-Familie häufig musiziert wurden.

Ein schönes Zeugnis der künstlerischen und freundschaftlichen Verbundenheit zwischen Telemann und Brockes veröffentlichte der Komponist 1723 unter der Überschrift GEDANKEN ÜBER (S.T.)[1] HERRN BROCKES SING-GEDICHT VOM WASSER IM FRÜHLINGE / ALS ER SELBIGES IN DIE MUSIC GESETZT HATTE:

Strahlt die Gelehrsamkeit
 aus Lohensteins Gedichten;
Lacht in des Hoffmanns Schrift
 die Mutter süßer Gluht /

---

[1] S.T. = salvo titulo, »unter Weglassung des Titels«

Und prangt der Helicon
  mit mehr verschied'nen Früchten?
So spricht der Wahrheit Mund:
  Sie schmecken alle gut.
Doch wird in jedem Fall
  zugleich der Satz verspüret /
Daß / wie die Neigungen
  der Menschen mancherley /
So jede Feder auch
  gewisse Schreib-Ahrt führet /
Zum Zeugnis / daß darin
  ihr gröster Nachdruck sey.
Der hochbegabte BROCKS /
  der Auszug kluger Geister /
Die Lust der großen / so
  wie Hamburgs kleinen / Welt /
Zeigt / wann er die Natur
  will mahlen / sich als Meister /
Da das Original
  sich für den Abriß hält.
Ich seh' in diesem Blat
  zwar keine Bäche fliessen;
Doch aber stellt es uns
  ein sanftes Rauschen für /
Und / ob vier Wände mich
  in ihren Umfang schliessen /
So zeigets mir im Geist
  der schön'sten Gegend Zier.
Die Andacht / so sich hier
  den Worten mitgetheilet /
Zieht meinen Blick noch mehr

> *ins Reich der Creatur.*
> *Dann merk' ich | wie mein Kiel*
> *zum componiren eilet;*
> *Da such' ich | voller Brunst |*
> *die mir gezeigte Spur.*
> *Music und Poesie*
> *will sonst verschwistert heissen;*
> *Doch ihre Freundschaft scheint*
> *mir dießmal ziemlich schwach.*
> *Denn | da uns diese will*
> *zu Lust-Revieren reissen:*
> *Folgt jene nur | wie lam |*
> *mit sachten Schritten nach.*
> *Indessen hab' ich hier*
> *den Pinsel doch genommen;*
> *Wiewol es heisset nicht*
> *gemahlet | nur geschmiert |*
> *Und wär' ich ohngefehr*
> *zu guten Strichen kommen:*
> *So sag' ich | daß mir BROCKS*
> *die blöde Faust geführt.*

Die Vertonung von Brockes-Texten hatte auch zu einer Verstimmung zwischen Mattheson und Telemann geführt. Telemanns Vorliebe für musikalische Malerei hatte sich so recht an Brockes' Frühlingsbildern entzündet; vor allem hatte er die Stimmen der Tiere – vom Gesumm der Hummeln bis zum Wiehern der Pferde – lautmalerisch nachgezeichnet. Der naturliebende Telemann vertrat die damals häufig zu hörende Ansicht, der Mensch habe sich die Musik in der Nachahmung des Vogelgesangs erschaffen. Da kam er aber bei Mattheson, der Nachtigallen verabscheute, übel an. Adam und Eva, so befand Mattheson, hätten noch den Gesang der Engel gehört und die Erinnerung daran nachahmend bewahrt. Und dann ließ er sich überaus barsch über Telemanns Lautmalereien (»*dergleichen alberne Künste*«) vernehmen.

Das geschah schon 1722 in Matthesons *Critica Musica*, in deren August-Heft diese Schelte zu lesen stand: »*Worte, die keinen angenehmen Ton zulassen, und schnur-stracks wider alles musicalische Geläute lauffen, als da sind:* Zischen, Lärmen, Schwärmen, Brüllen, Wiehern, Knirschen, Schnattern, Krähen, Blecken, Meckern, Klatschen *etc. sollen mit Fleiß vermieden werden, weil sie dem Componisten nur Anlaß geben, sein metier zu prostituiren, und, wenn ers, auf das allerbescheidenste, als Z.E. mit den Instrumenten, vorstellen will, den Zuhörern weiter nichts, als ein nüchternes Gelächter zu erwecken. Hergegen sind gewisse Worte, als* Sumsen, Gemurmel, Schweben, Gaukeln, Rauschen *u.d.g. die sich gar artig durch musicalische, und melodieuse Sätze ausdrücken lassen, wie denn Vivaldi im* Estro Armonico *davon eine gute Probe gegeben hat. Dannoch könnte, meines Erachtens, die Vocal-Music mit niederträchtigen Dingen, die contra dignitatem musicam lauffen, als mit* Fliegen, Bremsen, Hummeln, Käfern, *und anderm Ungezieffer, wohl verschont bleiben; ob man gleich in der Instrumental-Music eins und anders mitnehmen möchte. So dürffte auch ein satter Ochs, in dem Munde einer schönen Sänge-*

rinn, item das Wiehern muntrer Pferde, Endten, Gänse, Ziegen, *etc. vielen etwas choquant fallen. Solche Sachen haben ihre meriten; lassen sich aber besser lesen, als singen.*«

Jeder in Hamburg wußte genau, was damit gemeint war, nämlich des Ratsherrn Brockes Frühlingskantate ALLES REDET JETZT UND SINGET in Telemanns Vertonung. Matthesons Kritik bezog ihr Beispiel-Vokabular nämlich aus diesem Sopran-Rezitativ:

Man höret ein verwirretes Getön
Allmählich in der Luft entstehn.
Da stellen sich in dem beblümten Grünen,
Das durch den Tau geschmückt
 mit Demant-gleichem Schein,
Die emsigen, die unverdross'nen Bienen
Mit summsendem Gemurmel ein,
Worunter bald hernach
 der Flügel tönend Zischen
Die scherzenden geschwinden Fliegen mischen:
Man wundert sich, wie stark
 ihr schwebend Gaukeln lärmt;
Die Brems' und Hummel summt,
 der Käfer brummt und schwärmt;
Hier brüllt ein satter Ochs,
 dort wiehern muntre Pferde;
Im Grase rauscht und knirscht
 der Biß der fetten Herde.
Es schnattert Ent' und Gans,
 es kräht der frühe Hahn;

Dort blöckt ein zartes Lamm,
hier meckern kleine Ziegen;
Der muntre Tauber teilt
der dünnen Lüfte Bahn
Mit klatschendem Geräusch
und girret vor Vergnügen.

Auch bei anderer Gelegenheit konnte Matheson es nicht lassen, Telemann eins auszuwischen. Der Anlaß war ein Skandal, der sich am Gründonnerstag 1731 während der Aufführung von Telemanns Passions-Oratorium SELIGES ERWÄGEN im Drillhaus zugetragen hatte:

»*Was die Leute mit dieser Entheiligung unserer christlichen Geheimnisse ausrichten, erwies der grüne Donnerstag 1731, da im Drillhause bei den Worten Christi ›Mich dürstet‹ ein Offizier überlaut ausrief: ›Mich auch‹! Pastor Wolff hat in der Katharinen-Kirche am 3. Ostersonntag 1731 dawider gepredigt und die Gewissensfrage erörtert, ob es recht sei, die Passion zu prostituieren?*«

Matheson hatte offenbar vergessen, daß er ja selbst auch Komponist eines Passions-Oratoriums war. Aber »*von seiner stachelichten Feder verschonet zu bleiben, die weder Freund noch Feind zu schonen sonst gewohnt gewesen*«, darüber hatte Telemann schon 1724 geseufzt. Der Freundschaft der beiden Männer tat das keinen Abbruch. Man durfte gegenüber Matheson weder empfindlich noch nachtragend sein, und schließlich hatte er ja auch – und fast im selben Atemzug – die Welt wissen lassen:

IOANNES MATTHESON
Celsitudinis Imperialis Magni Russiæ Princip.
Supremi Holsatiæ Ducis.
Legationum Consiliarius.
æt.
nat. Hamburg d. 28. Sept. A. 1681.

Ein Lulli wird gerühmt;
Corelli lässt sich loben;
Nur Telemann allein
Ist übers Lob erhoben.

Telemann hat von Brockes außer dem Passions-Oratorium, den beiden Frühlingskantaten und einer Herbst- und Winterkantate auch drei Lieder in Musik gesetzt, wenn auch verhältnismäßig spät, denn erst 1728 begann Telemann mit Liedkompositionen, wenn man von seinem Jugendwerk, der SINGENDEN GEOGRAPHIE (um 1700), absieht.

Telemann hat insgesamt 110 Lieder komponiert, beginnend mit zwein im GETREUEN MUSIC-MEISTER (1728/1729), denen jene in den SINGE-, SPIEL- UND GENERALBASS-ÜBUNGEN (1735) folgten, und schließlich als letztes die VIER UND ZWANZIG, THEILS ERNSTHAFTE, THEILS SCHERZENDE, ODEN von 1741.

Kunstlieder, wie sie Telemann schrieb, kamen im Deutschland jener Zeit gerade in Mode; sie sind charakteristisch für die Epoche der beginnenden Aufklärung. So hatte 1733 Valentin Rathgeber gerade die erste »*Tracht*« seines OHREN-VERGNÜGENDEN UND GEMÜTH-ERGÖTZENDEN TAFEL-CONFECTES veröffentlicht, 1736 war des Sperontes (d. i. Johann Sigismund Scholze) SINGENDE MUSE AN DER PLEISSE erschienen, und 1737 wurde Johann Friedrich Gräfes

Johann Mattheson. Kupferstich von Johann Jacob Haid, 1746

SAMMLUNG VERSCHIEDENER UND AUSERLESENER ODEN gedruckt.

In der Vorrede, die an den Musikkritiker Johann Adolph Scheibe gerichtet ist, liefert Telemann ein Plädoyer für den volkstümlichen, ungekünstelten Gesang und meint, es hätte der Oper besser angestanden, »*wenn das gekünstelte ha-ha-ha, he-he-he der Sänger von der Bühne seinen Abschied bekommen, und an dessen Stelle ein leichtes Nun ruhen alle etc.* dessen Dienst erlanget hätte*«. Und er fährt fort: »*Ich zweifle nicht, daß meine Melodien, so mangelhaft sie auch, in Entgegenhaltung anderer, sind, mit in Erwägung gezogen seyn würden, die inzwischen doch zum Nutzen des gemeinen Wesens das Ihrige beytragen werden, zumal, da sie weder die Höhe einer Zaunkönigs- noch die Tiefe einer Rohrdommelstimme erfordern, sondern in der Mittelstraße bleiben, mithin, und da sie zugleich sehr wenige von den Ha-he-isten entlehnte geschwänzte Schneller, die man den neuen Geschmack nennet, enthalten, vom Scharlach an bis zur Windelschnur Dienste leisten können.*«

Die Vortragsbezeichnungen dieser Lieder sind in deutscher Sprache gegeben, etwa »*trollend*«, »*aufgeweckt*«, »*liebreich*«. Mit diesem Brauch hatte Telemann erstmals in der Kantate zum Neujahrstag 1734 begonnen, und seither schrieb er alle Vortrags- und Tempobezeichnungen nur noch in deutscher Sprache. Ausdrücke wie »*freundlich*«, »*zärtlich*«, »*vergnüglich*«, »*sanftmütig*«, »*freimütig*« oder »*verwegen*« bezeugen, daß es nicht nur um Zeitmaße ging, sondern daß der Charakter der Komposition mit einbeschlossen werden sollte, was ja überhaupt für Telemann sehr typisch ist. Nur seine Kopisten haben dann wieder die hergebrachten italienischen Begriffe eingesetzt; wo Telemann »*ernsthaft*« geschrieben hatte, machten sie ein »*Andante*« daraus, statt »*getrost*« liest man nun »*Allegro*«: Sie hatten Telemanns Wollen also überhaupt nicht verstanden.

Johann Valentin Görner hat diese deutschen Bezeichnungen von Telemann übernommen, als er seine Sammlung Neuer Oden und Lieder 1742 in Hamburg veröffentlichte, und auch andere Zeitgenossen nahmen sie auf. Erst die Wiener Klassik kehrte zu den konventionellen italienischen Vortragsbezeichnungen zurück, bis Robert Schumann wieder deutsche Charakterisierungen einsetzte.

Ein Wort noch zu Görner. Der 1702 in Penig (Erzgebirge) geborene Organistensohn hatte in Leipzig studiert und war dann nach Hamburg gekommen, wo er seit 1728 als Mitarbeiter Telemanns nachweisbar ist; zwei seiner Klavierkompositionen finden sich im Getreuen Music-Meister. Über ihn ist wenig bekannt, man weiß jedoch, daß er eine bedeutende Rolle im geselligen Kreis des musisch begabten Arztes Dr. Carpser spielte, in dessen Haus sich jeden Freitag eine Gesellschaft zum Essen traf. Zu ihr gehörten außer Görner auch die Dichter Johann Matthias Dreyer, Johann Arnold Ebert, Friedrich von Hagedorn und Daniel Stoppe, deren Gedichte Telemann vertonte; Telemann war überhaupt der erste, der Lieder Hagedorns in Musik setzte, darunter dessen AN DEN SCHLAF, das zu Telemanns besten Liedkompositionen zählt. Ob Telemann, der Hagedorn wahrscheinlich im Hause Brockes kennengelernt hatte, auch in der Carpserschen Freitagsrunde saß, wissen wir nicht; es ist aber nicht unwahrscheinlich. Die Verbindung zu Hagedorn, der seit Brockes' Tod als der führende deutsche Lyriker galt, könnte auch über Mattheson zustande gekommen sein, denn Hagedorn war seit 1733 Sekretär am englischen Court in Hamburg.

Görner hatte sich 1743 bei der sittenstrengen Geistlichkeit der Hansestadt gründlich unbeliebt gemacht, als er am 22. April im Drillhaus eine von ihm komponierte Serenata DAS VERGNÜGEN (Text von Johann Arnold Ebert) uraufführte; unter diesem harmlosen Titel verbarg sich ein unbekümmerter Lobpreis der Sinnenlust. Die Hamburger Pastoren waren außer sich vor Empörung* und setzten beim Rat durch, daß weitere Aufführungen dieses Skandalons verboten wurden. Nachgetragen wurde Görner der Fauxpas aber nicht, denn er erhielt 1756 das Kantorenamt am Dom.

Mit der Geistlichkeit bekam auch Telemann leichten Verdruß. Da hatte ihn 1748 ein Jurat der St.-Michaelis-Kirche offenbar sehr gröblich genötigt, sein Passions-Oratorium SELIGES ERWÄGEN in der Kirche aufführen zu lassen. Das war ungewöhnlich, denn solche Passions-Oratorien wurden wegen ihres opernhaften Charakters nicht in der Kirche geduldet, zumindest nicht in den fünf Hauptkirchen. Aber das war nicht alles: Der aufgeschlossene Telemann hatte nichts dawider gefunden, die Sopran-Arien nicht von einem Knaben, sondern von einer tüchtigen Sängerin vortragen zu lassen, Margaretha Susanna Kayser. Zwar wurde die Aufführung in St. Michaelis schließlich doch noch genehmigt, *»jedoch mit Hinweglassung der Frau Kayserinn«*, so Telemann. Susanna Kayser durfte aber ohne weiteres im folgenden Jahr viermal ihre Partie in SELIGES ERWÄGEN singen, allerdings nicht in einer Kirche. Immerhin aber konnte Telemann durchsetzen, daß sie als einzige Frau bei einer Kapitänsmusik im Herrensaal des Eimeckschen Hauses am 28. August 1749 als Sopranistin auftreten durfte, was bei diesem Männer-Convivium höchst ungewöhnlich war. Danach wird *»die Frau Kayserinn«* nirgends mehr erwähnt; entweder trat die damals etwa Sechzigjährige nicht mehr auf, oder sie war verstorben.

Das Jahr 1748 brachte Telemann aber auch wieder Ehren. Am 27. Oktober beging die Stadt Hamburg den 100. Jahrestag der Unterzeichnung des Westfälischen Friedens, ein Jubiläum, das die Hamburger zu Recht für äußerst wichtig erachteten. Denn wenn auch die Stadt selbst dank ihrer uneinnehmbaren Befestigung verschont geblieben war und sie ihr Umland durch Zahlungen vieler Millionen an Tilly und Wallenstein einigermaßen hatte schützen können: Der Krieg schadete natürlich dem innerdeutschen Handel erheblich, und es ist nicht ganz zufällig, daß die ersten geheimen Vorverhandlungen von den beteiligten Mächten in Hamburg geführt worden waren, ehe man sich in Münster und Osnabrück endgültig einigte. Der Festtag sollte also mit allem hanseatischen Pomp gefeiert werden. Michael Richey, der so fruchtbare Dichter und Professor, wurde ersucht, für das Jubiläum einen »Portugaleser« zu entwerfen, eine vom Rat herausgegebene Gedenkmünze. Zugleich ging man an die Gestaltung eines Festprogramms, das in Hamburg niemals auch nur dem geringsten Zufall überlassen blieb, sondern bis ins Detail ausgearbeitet wurde. Nach eingehender theologischer Konsultation bestimmte der Rat den Predigttext und die im Gottesdienst zu sprechenden Gebete (alles wurde auch gedruckt) und befahl, es sei von 10 bis 11 Uhr und von 15 bis 16 Uhr an diesem Sonntag von allen Türmen zu läuten, ferner, daß *»auch von den Thürmen der Haupt-Kirchen in der Stadt, nach geendigtem Vormittags-Geläute, mit Paucken und Trompeten musiciret werden soll«*. Nach dem Nachmittagsgeläut hatten hundert Kanonen auf den Wällen eine dreifache Salve abzufeuern, und anschließend tönten von 17 bis 18 Uhr die Glockenspiele von St. Petri und St. Nikolai *»Lob- und Danck-Lieder«*. Im übrigen beschloß der Rat: *»In der ältesten Pfarr-Kirche zu St. Petri wird ein besonderes hiezu verfasstes Musicalisches Oratorium aufgeführet.«* Das war Telemanns Festmusik DU, HERR, BIST UNSER VATER.

Die Bevölkerung wurde vom Rat durch öffentlichen Anschlag und Kanzelabkündigung aufgefordert (*»wohlmeinentlich erinnert«*), *»daß ein ieder, sammt seinen erwachsenen Kindern und Gesinde, am bereg-*

ten nächst-künftigen Sonntage zu dem Gottesdienste fleissigst sich einfinden, und nicht nur GOtt dem Allmächtigen mit Loben, Dancken und Beten ein öffentliches Opfer darbringen, sondern auch selbigen gantzen Tag zu des Höchsten Ehren, und seiner selbst-eigenen Erbauung, andächtig und christ-geziemend anwenden möge«. Bei den vielen Raufhändeln, Überfällen und schweren Schlägereien, die damals in Hamburg ständig vorfielen und die Straßen bei Dunkelheit äußerst gefährlich machten, war der Wunsch des Rats verständlich.

Telemanns Musik gefiel so gut, daß die anderen vier Hauptkirchen den Komponisten um eine Wiederholung baten. Dieser wandte sich an den Rat. Das Ensemble (9 Sänger, 16 Instrumentalisten) koste 28 Mark, er selbst *»begehre«* nur *»für Vergütung meiner sonst gewöhnliche, und itzo wegfallende Musictexte, 5 Rthl., wobey anheim stelle, ob dieses Geld von den Kirchen, oder von Herrn König zu bezahlen sey«.*

Und schon begann der Streit mit den Ratsdruckern, damals repräsentiert durch Conrad König, wiederaufzuflammen. Vorwurfsvoll schrieb Telemann am 7. Februar 1749 an den Ratssekretär Johann Anderson: *»Wegen der verwichenen Jubelmusic habe ich zwar Anwartung, daß Herr König mir 20 Rthl. von Seinem ansehnlichen Gewinne abgeben solle; ich verstehe hierbey: vom Festtage selbst. Denn sollten die übrigen Kirchen, wo sie wiederholet worden ist, hierunter mit begriffen seyn, so hätte ich, mit meinen vielen Wegen und mühsamen Ueberredungen, zwar dem Herrn König genutzet, für mich aber* *gar nichts gewonnen, sintemal, bey der damaligen guten Witterung, da die Hamburger in Hamburg, und die Kirchen mit Menschen angefüllet waren, für meine ordentlichen Musictexte in 4. Sonntagen nicht weniger, als 20 Rthl., eingegangen seyn würden. – Endlich habe nicht zu verhalten, daß meine Bezahlung von der Cammer sehr geringe ausgefallen ist, da ich, an statt der sonst üblichen 50 Rthl., mit deren 14 (24?) abgeffertiget worden bin. Dieses konnte mir nicht anders, als schmerzlich, fallen, da ich, nebst einer dreiwochigten Beschäfftigung mit dem Componiren, über zween Monate darnach habe gehen, und, ungeachtet meines 68jährigen Alters, bisweilen die Stadt Vor- und Nachmittags, oft bey Regen und Sturm, durchwandern, auch noch wol dazu empfindliche Worte, und Bedrohungen, mir einen Theil der Besoldung einzuziehen, anhören müssen. Verdiente dieses alles nicht eine großmütigere Belohnung?«*

Es war der nunmehr vierte Rechtsstreit mit den Ratsdruckern. Der Rat verfügte jetzt, das Druckprivileg solle bei König bleiben, dieser aber habe jährlich an Telemann 90 Mark für die Textbücher abzuführen. Das waren zwar 60 Mark weniger, als Telemann ursprünglich gefordert hatte, schloß aber nun die dubiosen Vorstellungen des Ratsdruckers wegen des angeblich gesunkenen Absatzes der Textbücher aus. Mit diesem Kompromiß mußten sich beide Seiten zufriedengeben.

Am 28. Juli 1750 starb in Leipzig Johann Sebastian Bach. Telemann und Bach kannten einander seit spätestens 1709, als Bach am Hofe des Herzogs von Weimar, Telemann im nahen Eisenach als Hofkapellmeister wirkte. Als 1714 Bachs Sohn Carl Philipp Emanuel zur Welt kam, wurde der seit zwei Jahren in Frankfurt amtierende Telemann zum Taufpaten gebeten, ein Zeugnis enger Beziehung; des Täuflings zweiter Name ist der zweite Name des Paten. Briefe zwischen beiden Komponisten gibt es nicht. Wenn wir auch von Telemann nur wissen, daß er eine Komposition Bachs im GETREUEN MUSIC-MEISTER veröffentlichte, nicht aber, was er im einzelnen von Bachs Werken gekannt hat, so wissen wir andererseits von Bach, daß er sich Werke Telemanns zum eigenen Gebrauch kopierte. Allein fünf Kirchenkantaten, die zum Teil noch vor kurzer Zeit als Bachs Kompositionen galten, sind inzwischen als Werke Telemanns identifiziert (BWV 141, 160, 218, 219, Anhang 156). Der Eingangschor der Kantate SO DU MIT DEINEM MUNDE (BWV 145) ist ebenso ein Werk Telemanns wie die Bach lange zugeschriebene Motette SEI LOB UND PREIS MIT EHREN (BWV 231). Auf Telemann-Kompositionen gehen die Konzerte für Cembalo solo BWV 985 und vielleicht BWV 986 sowie das Orgel-Trio BWV 586 zurück. Die Suite A-dur (BWV 824) aus dem CLAVIERBÜCHLEIN FÜR WILHELM FRIEDEMANN BACH (1720) ist ein Werk Telemanns, möglicherweise auch der Orgelchoral HERR JESU CHRIST, DICH ZU UNS WEND (BWV Anhang 56). Und schließlich führte Bach Telemanns Kantate MACHET DIE TORE WEIT 1734 in der Leipziger Thomaskirche auf. Daß er die PARISER QUAR-

TETTE (1738) subskribiert hatte, wurde schon erwähnt.

Bach schätzte Telemann, und Telemann schätzte Bach. Wie sehr, bezeugt ein Sonett, daß der Hamburger Musikdirektor auf den Tod des Leipziger Thomaskantors schrieb und das im Januar 1751 in einer Dresdner Zeitschrift gedruckt wurde:

*Laßt Welschland immer viel
   von Virtuosen sagen,
Die durch die Klingekunst
   sich dort berühmt gemacht:
Auf Deutschen Boden sind
   sie gleichfalls zu erfragen,
Wo man des Beyfalls sich
   nicht minder fähig acht't.*

*Erblichner Bach! Dir hat
   allein dein Orgelschlagen
Das edle Vorzugs-Wort
   des Großen längst gebracht;
Und was für Kunst dein Kiel
   aufs Notenblatt getragen,
Das wird von Meistern selbst
   nicht ohne Neid betracht't.*

*So schlaf! dein Nahme bleibt
   vom Untergange frey:
Die Schüler deiner Zucht
   und ihrer Schüler Reyh
Dient, durch ihr Wissen, dir
   zur schönen Ehrencrone;*

*Auch deiner Kinder Hand
  setzt ihren Schmuck daran;
Doch was insonderheit
  dich schätzbar machen kan,
Das zeiget uns Berlin
  in einem würdgen Sohne.*

Mit dem *»würdgen Sohne«* war der am Hofe Friedrichs II. von Preußen wirkende Patensohn Telemanns, Carl Philipp Emanuel, gemeint. Daß Bach in diesem Sonett vornehmlich als Orgelmeister gefeiert wird, muß nicht wundern. Das Werk des Kantatenschöpfers und des Passionskomponisten war den Zeitgenossen außerhalb Leipzigs so gut wie unbekannt. Als Bach starb, war er in den Augen seiner Zeit eine längst überlebte Größe. Seine Musik galt damals als antiquiert, und Johann Adolph Scheibe hatte Bachs reich figurierte Choraltechnik als *»schwülstig«* gescholten und den Thomaskantor mit dem Barockpoeten Lohenstein verglichen, dem man ein gleiches vorwarf. Da Telemann und Scheibe einander gut kannten, sollte dieses Urteil für Telemanns Nachruhm noch böse Folgen haben. Davon später.

Ein Jahr nach dem Tode Bachs begann eine Korrespondenz zwischen Telemann und dem in Berlin wirkenden Komponisten Carl Heinrich Graun. Gegenstand des Briefwechsels waren die verschiedenen Auffassungen der beiden Musiker über den Wert des italienischen und des französischen Rezitativs, eine zu sehr fachbezogene Diskussion, als daß sie uns hier interessieren könnte. In dieser Korrespondenz aber entschlüpfte Telemann 1751 ein denkwürdiges Bekenntnis: »*Ich habe mich nun von so vielen Jahren her ganz marode melodirt, und etliche Tausendmal selbst abgeschrieben, wie andere mit mir, mithin also draus geschlossen: Ist in der Melodie nichts Neues mehr zu finden, so muß man es in der Harmonie suchen. Ja, heisst es: man soll aber nicht zuweit gehen; bis in den untersten Grund, antworte ich drauf, wenn man den Namen eines fleißigen Meisters verdienen will.*«

Graun war entsetzt. »*In der Harmonie neue Thöne suchen, kommt mir eben so vor, als in einer Sprache neue Buchstaben*«, schrieb er zurück. Wie sehr die beiden Komponisten sich unterschieden, macht Grauns Reaktion deutlich. Der sechzigjährige Telemann konnte sich eine Entwicklung über den damaligen harmonischen Kanon hinaus sehr wohl vorstellen, und er hat ja gerade in den Werken seiner letzten Jahre bewiesen, wie empfänglich er für die Anregungen der nachwachsenden Musikergeneration sein konnte, ohne darüber zum nachahmenden Anpasser zu werden. Dem achtundvierzigjährigen Graun aber versagte sich die Phantasie, ja er fand die Vorstellung von einem anderen harmonischen System als dem gewohnten so widersinnig, daß er sich sogar zu einer kleinen Unartigkeit hinreißen ließ, in-

Georg Philipp Telemann.
Aquatintablatt von Valentin Daniel Preisler nach einem verschollenen Gemälde von Ludwig Michael Schneider, 1750

GEORGIVS PHILIPPVS TELEMANN.

NATVS A.C. CIƆIƆCLXXXI. D. XIV. MARTII MAGDEBVRGI PATRE HENRICO PRAECONE DIVINI VERBI
MAGDEBVRGICO AD S. SPIRITVS S. ET MATRE MARIA HALTMESIERA IVRISPRVDENTIAE IN ACADE-
MIA LIPSIENSI OPERAM NAVAVIT, SED PRO SINGVLARI PROCLIVIS AD ARTEM MVSICAM
INGENII TRACTV SENSIM MOROS IN EADEM FECIT PROGRESSVS MODOREMQVE SIBI CETERIS
QVIDEM VIRORVM PERFECTISSIMORVM CONCENTVI DIGNO FELICISQVE OPERVM EXCELLENTIS-
SIMORVM IMITATIONE COMPARAVIT. MIRVM SANE NON CONCESSIT NON CRACTVS EST PRECO-
SVS MODERATORQVE CONCENTVVM MVSICORVM EIVSDEMQVE ARTIS MAGISTER NORDISCHOMB. CIS-
SSAE. CVCOPETRAE. SORAVII. ISENACI. FRANCOFVRTI AD MOENVM ET TANDEM HAMBVRGI. CVIVS
IVRE PARISIORVM A.C. CIƆIƆCCXXXVIII. MAGNVM OPVS EDIDIT SVMMO CVM APPLAVSV REDVX-
QVE IN GERMANIAM FACTVS DIVERSA MVSICIS INSTRVMENTIS ET VOCALES OPERA ELABORAVIT
ET PVBLICAVIT.

Ludov. Mich. Schneider effigiem pinx.   *Val. Dan. Preisler Sculp. et excudit*
                                                                                             Norib. A.C. CIƆIƆCCLI.

dem er bemerkte, Telemann schaffe sich selbst einen Überdruß *»durch allzu vieles Schreiben«*. Aber vier Jahre später beteuerte er: *»Beständig einerley ist meine Hochachtung, welche ich zeitlebens vor einem Telemann gehabt, und biß ans Ende behalten werde«*, wozu ihm nicht mehr viel Zeit blieb, denn Graun starb drei Jahre später in Berlin, erst sechsundfünfzig Jahre alt. Die Hamburger Premiere von Grauns Passions-Oratorium* DER TOD JESU hatte Telemann 1756 selbst organisiert und geleitet.

Telemanns Schaffenskraft und Erfindungsgabe waren ungebrochen und entsprechen so gar nicht seiner Behauptung, sich *»ganz marode melodirt«* zu haben. In dem Maße, in dem er sich öffentlicher Aufgaben entledigte (1756/1757 ging der letzte Kirchenkantaten-Jahrgang nach Frankfurt; denn er hatte sich 1721 bereit erklärt, auch weiterhin die Frankfurter mit regelmäßigen Kantatensendungen zu bedienen) und mehr Zeit und Freiheit für sein Schaffen fand, wurde er sogar zunehmend kühner, ja man muß sagen: Er begann fast über sich hinauszuwachsen. Das beweisen die Spätwerke der 1750er Jahre.

Als Beispiel genannt sei hier die DONNER-ODE, eine poetische Paraphrase des 8. und des 29. Psalms, deren Text der als dänischer Hofprediger wirkende Johann Andreas Cramer schrieb. Die Dichtung rühmt die Offenbarung Gottes in seiner Schöpfung und im Tosen des Gewitters (daher der Titel), wobei die Pauken fleißig eingesetzt werden, einmal sogar als eine Art donnernder Orgelpunkt unter dem Duett zweier Bässe.

Eintragung Telemanns in französischer Sprache
in das Familienalbum der Hamburger Familie Scheffel vom 21. Oktober
1753. In deutscher Übersetzung: »Wer sich zu bekennen zögert, / Sieht
oft, daß der Tod seiner Reue zuvorkommt. / Der Tod lacht und freut sich
über den, / Der zittert und sich fürchtet, wenn er da ist. – G. P. Telemann, im Alter von 72 Jahren, 8 Monaten.«

Diese Komposition war Telemanns künstlerische Reaktion auf die größte europäische Naturkatastrophe des Jahrhunderts, welche die Menschen damals allenthalben nachhaltig bewegte: das Erdbeben von Lissabon. Denn am 1. November 1755 zerstörte ein Erdbeben zwei Drittel Lissabons; etwa 30 000 Menschen kamen dabei ums Leben. Erst am 29. November wurde die Katastrophe in Hamburg durch die Presse bekannt. Das erklärte auf einmal die seltsamen Vibrationen, die man am 1. November sowohl hier wie in Glückstadt und Rendsburg deutlich wahrgenommen hatte, ohne sie sich erklären zu können. Der Rat ordnete nach Bekanntwerden der Katastrophe sofort eine Sicherheitsüberprüfung sämtlicher Kirchen und Türme an und beriet über Hilfsmaßnahmen für Lissabon, zu dem man in guten Handelsbeziehungen stand. Stadt und Kaufmannschaft bewilligten die für damalige Verhältnisse beträchtliche Summe von 150 000 Hamburgischen Mark, nachdem sich der portugiesische König bereit erklärt hatte, die Spende anzunehmen. Von diesem Geld wurden vier Schiffe mit Bauholz ausgerüstet, die wegen ungünstiger Witterung aber erst im April des folgenden Jahres in Lissabon eintrafen.

Die DONNER-ODE erlebte ihre Uraufführung am 10. Oktober 1756 in St. Katharinen nach der Predigt. Damit durchbrach Telemann den Brauch, jeweils vor und nach der Predigt eine Kantate aufzuführen. Aus den Besetzungsangaben der Kantaten ergibt sich, daß beispielsweise die Trompeter stets nur in der Kantate vor der Predigt beschäftigt wurden, während überhaupt das Ensemble der Kantate nach der Predigt sehr bescheiden war, wohl um den Musikern die Möglichkeit zu geben, vor der Predigt nach Hause zu gehen. Das war bei dem in Hamburg gezeigten Eifer, die Leute zum regen Gottesdienstbesuch anzuhalten, schon etwas merkwürdig; dennoch scheint es keine Beschwerden gegeben zu haben.

Die nach der Predigt uraufgeführte DONNER-ODE aber verwendet ein großes Orchester mit reichen Chören, und sie gefiel den Hamburgern dermaßen, daß sie nachweislich dreizehnmal wiederholt werden mußte, zum erstenmal schon am 15. November mit der Ankündigung, es handle sich um die »*bekannte*« Ode; nach einmaliger Aufführung läßt dies auf einigen Enthusiasmus der Hörer schließen, den auch der Hörer von heute unschwer nachvollziehen kann. Der Komposition wurde 1762 – wohl des großen Erfolges wegen – noch ein zweiter Teil angefügt.

In Berlin wurde das Werk schon im folgenden Jahr bekannt, denn der Musiker Johann Friedrich Agricola schrieb, nachdem er die Partitur kennengelernt hatte, am 24. Mai 1757 aus Berlin überschwenglich an Telemann: »*Ich hätte, bey derselben Durchsehung lieber mehr als einmal weinen mögen.*«

Über die Berliner Aufführung berichtete dann am 11. Dezember 1757 Carl Wilhelm Ramler, der jetzt Telemanns Textdichter wurde, an seinen Dichterfreund Johann Wilhelm Ludwig Gleim: »*Gestern war ich in der musicalischen Probe einer DonnerOde, die Herr Telemann componirt, und wir beyden, Herr Krause und ich, aus Cramers Psalmen zusammenge-*

stoppelt haben. Herr Krause schlug, oder spielte vielmehr, die Paucken dazu. Sie werden noch nicht wißen, daß er auch auf diesem donnernden Instrument ein Virtuose ist. Das Stück ward bey Gelegenheit der Erdbeben verfertigt, und man hat es heute in der Petrikirche als ein Vorspiel zum Te Deum aufgeführt.«

Das von Ramler erwähnte Te Deum bezog sich auf die Berliner Siegesfeier aus Anlaß der Schlacht von Leuthen, in der am 5. Dezember desselben Jahres der Preußenkönig die Österreicher vernichtend geschlagen hatte.

Gegen Ende der 1750er Jahre führte Telemann zwei bedeutende neue Werke auf: am 20. Oktober 1757 sein Oratorium DIE TAGESZEITEN und am 29. März 1759 die erste Vertonung von Versen aus Klopstocks MESSIAS.

Die TAGESZEITEN bestehen aus vier Kantaten, Morgen, Mittag, Abend und Nacht gewidmet. Jeder Tageszeit entspricht eine Solostimme, in der Reihenfolge Sopran, Alt, Tenor, Baß; dementsprechend sind eine Tromba piccola, eine Gambe, zwei Querflöten und schließlich zwei Oboen und Fagott beigesellt. Vorangesetzt ist eine Einleitung, in der Streicher das Erwachen der Natur wiedergeben. Die lautmalerischen Qualitäten der Telemannschen Komposition kommen hier schön zur Geltung, sosehr sie auch – wie mir scheint: zu Unrecht – von den Zeitgenossen bemängelt wurden. In seiner zuweilen an Haydn erinnernden Melodik läßt Telemann seinen spätbarocken Ausgangspunkt weit zurück; hier kündigt sich schon »Empfindsamkeit« an, begünstigt durch Telemanns eigenes tiefes Naturempfinden.

Für seinen MESSIAS hatte Telemann zwei Abschnitte aus Klopstocks viel gerühmtem und wenig gelesenem Epos ausgewählt: die Verse 1–41 aus dem ersten Gesang und die Verse 472–515 aus dem zehnten Gesang. Es war das erste Mal, daß Klopstocks Epos überhaupt in Musik gesetzt wurde. Die ganze Komposition ist, unterbrochen von den Zwischenspielen des Orchesters, durchkomponiert und verzichtet auf Dakapo-Arien. Eine »oratorische Fantasie« hat es Günther Godehart in seiner detaillierten Untersuchung (siehe Bibliographie) genannt. Wie die DONNER-ODE wurde auch der MESSIAS in Berlin gegeben. Am 12. Mai 1759 schrieb Ramler an Gleim: *»Am 9ten hujus habe ich bey unserm Krausen in Gesellschaft unsers Lessings, Herrn Hoffprediger Sacks, Probst Süßmilchs, Prediger Dieterichs, Geh.-Rath Bucholzens, unsers Sulzers pp. eine schöne Composition einiger Stücke des Messias von Telemannen angehört. Es war der Anfang des Gedichts, und der Gesang der Mirjam und Debora aus dem letzten Buche. Der Componist gefiel mir gut, aber der Poet siebenmal besser.«*

Freundlicher meinte der Berliner Musikkritiker Friedrich Wilhelm Marpurg 1760, *»daß man bey Anhörung dieser vortrefflichen Musik in eine Tiefsinnigkeit versetzet wird, welche die Schönheit der Melodien nicht vermisset«*. Noch 1770, drei Jahre nach Telemanns Tod, befand der Hamburger Gymnasialprofessor Christoph Daniel Ebeling, der am Johanneum unterrichtete, es herrsche in diesem Werk *»so viel simpler Ausdruck des Affekts, so viel edler rührender Gesang«*.

Durch die Wahl der Verse Klopstocks unterscheidet sich Telemann deutlich vom Text des Händelschen MESSIAS, der seit seiner Uraufführung 1741 in England so überaus erfolgreich gewesen war. Die Hamburger lernten dieses Werk aber erst 1772 kennen, also nach Telemanns Tod. Überhaupt hat Telemann, der als Direktor der Oper so viel für Händels Opernschaffen getan hat, nicht ein einziges Oratorium seines Jugendfreundes aufgeführt. Was dafür der Grund gewesen sein mag, wissen wir nicht. Es könnte daran gelegen haben, daß Telemanns Misere der in Hamburg nicht vorhandene Chor war. Denn anders als Bach verfügte er nicht über eine gutgeschulte Kantorei. Für seine Aufführungen war er auf die Mithilfe unbezahlter Dilettanten und auf Solisten angewiesen, deren Bezahlung eine Quelle ständiger Sorgen war. Das Johanneum verfügte über keinen Chor, der bei anspruchsvollen Werken hätte eingesetzt werden können, und auffallend ist, daß in den uns überlieferten Rechnungen die Instrumentalisten

Erste Seite des Telemannschen Weihnachtsoratoriums DIE HIRTEN BEY DER KRIPPE ZU BETHLEHEM in der Handschrift des Komponisten (1759). Das Blatt zeigt die sechsstimmige Instrumentaleinleitung mit der Bezeichnung »Hirtenlied. Gelinde«. Überschrift (zu Beginn unleserlich) »... der Pösie von Hn. Carl Wilhelm Ramler«. Daneben: »Die Music von mir Telemann«

stets zahlreicher sind als die Sänger. Merkwürdig ist dabei nur, daß die Komposition von Chören Telemanns besondere Stärke war. Wer heute etwa die Schlußchöre des DEUS JUDICIUM TUUM oder seines MAGNIFICAT hört, begreift nicht, daß es diesem außerordentlichen Musiker nie möglich gewesen ist, sich einen qualifizierten Chor zu schaffen, der seinen künstlerischen Intentionen gerecht geworden wäre.

Welche Bedeutung Telemann dem Singen überhaupt zuerkannte, bezeugt einer seiner meistzitierten Verse:

> *Singen ist das Fundament*
>   *zur Music in allen Dingen.*
> *Wer die Composition ergreifft /*
>   *muß in seinen Sätzen singen.*
> *Wer auf Instrumenten spielt /*
>   *muß des Singens kündig seyn.*
> *Also präge man das Singen*
>   *jungen Leuten fleißig ein.*

Um den miserablen Chorverhältnissen in Hamburg aufzuhelfen, hat Telemann einmal (das Datum ist nicht bekannt) ein Gesuch an den Rat gerichtet, ihm die Aufstellung eines »*musicalischen Gassen-Chors*« zu gestatten, eines geschulten Chors von 24 Sängern, der vierteljährlich 334 Reichstaler erhalten sollte. Ein Kurrende-Gesang bestand auch in Hamburg, aber das Erbitten milder Gaben durch schlechten Chorgesang war nicht das, was Telemann wollte. Er wünschte einen geschulten Chor, der nicht nur täglich vor den Häusern angenehm sänge (Telemann dachte an ein Tagespensum vor 96 Häusern), sondern zugleich auch für die Kirchenkonzerte einsatzbereit sei: *»Wie zuträglich aber solches besonders der Kirchen-Music seyn würde, wenn eine solche Anzahl von Stimmen, zu Gottes Ehre, in den hiesigen großen und viel Ton erfordernden Kirchen erschallete, solches steht leicht zu erachten, und wird anderwärts, mit nicht gnugsamen Vergnügen, gehöret.«* In der Tat hatte man in Lübeck und in Leipzig mit solchen »Gassen-Chören« gute Erfahrungen gesammelt. Und da Telemann wußte, daß er im Rat klug rechnende Kaufleute zu überzeugen hatte, berechnete er in seinem Schreiben, daß die zu erwartenden Einkünfte die Ausgaben übersteigen würden. Aber der Rat stellte sich unlustig, und so wurde nichts daraus.

Das waren Tage, an denen Telemann es bitter bereute, Frankfurt verlassen zu haben, und das ließ er auch den Rat unumwunden wissen, als 1757 wieder einmal Querelen mit den Ratsdruckern aufbrachen: *»Sintemal ich, aus Irrtum, in Frankfort einen weit einträglichern Posten verlassen hatte, als ich hier fand.«*

Die letzten Jahre
(1759–1767)

Der Januar 1761 brachte für Hamburgs Musikleben ein besonderes Ereignis: Ein neuer Konzertsaal »*auf dem Kamp*« (= Valentinskamp) war erbaut worden und wurde am 14. Januar eingeweiht. Worauf die Presse besonders hinwies: Der Saal war beheizbar; das galt also für ungewöhnlich. Neben dem neuen Konzertsaal blieb aber das Drillhaus weiterhin für musikalische Aufführungen in Gebrauch. Dort kostete der Eintritt auch unverändert eine Mark; für den neuen Saal verlangte man eine Mark und acht Schillinge.

Die erste Telemann-Aufführung »*in dem großen Concertsaale auf dem Kamp*« fand im März statt, allerdings nur als eine Art von Beiprogramm: Man musizierte einen Teil von Telemanns MESSIAS; die Hauptaufführung galt Carl Heinrich Grauns Passions-Oratorium DER TOD JESU. Aber schon zwei Tage darauf gab es ein ausschließlich Telemann gewidmetes Konzert, diesmal mit seiner Vertonung von Ramlers Dichtung DER TOD JESU, der BETRACHTUNG DER NEUNTEN STUNDE AM TODES-TAGE JESU und der so beliebten DONNER-ODE. Ob Telemann selbst die Aufführung geleitet hat, ist nicht bekannt. Der inzwischen Achtzigjährige litt an Beinbeschwerden, die ihm das Gehen und Stehen sauer werden ließen, auch wenn der Weg nicht weit war. Zwischen 1747 und 1757 hatte er seine dritte – und letzte – Wohnung bezogen; sie lag an den Hohen Bleichen. Von da bis zum neuen Konzertsaal waren es nur wenige Schritte. Zunächst hatte Telemann ja die Kantorenwohnung des Johanneums bewohnt, und obwohl sie sich von Anfang an als zu klein erwies für die große Familie, zog er doch erst 1730 in eine größere Wohnung in der Neuen Straße, die sich heute nicht mehr identifizieren läßt, weil es damals zwei Straßen dieses Namens gab.

Aber nicht nur die Gehbehinderung machte Telemann zu schaffen; auch seine Sehkraft ließ nach. Im November 1760 notierte er auf der abgeschlossenen Partitur einer Trauermusik zum Tode König Georgs II. von Großbritannien: »*Meistens des Nachts, bei blöden Augen geschrieben*«; das Wort »blöde« bedeutete damals »schwach«. Auch das Manuskript der Matthäus-Passion von 1762 trägt einen solchen Hinweis, diesmal nach Telemanns Manier in Versform:

> *Mit Dinte, deren Fluß zu stark,*
> *Mit Federn, die nur pappicht Quark*
> *Bey blöden Augen, finsterm Wetter*
> *Bey einer Lampe, schwach von Licht,*
> *Verfass't ich diese saubern Blätter.*
> *Man schelte mich deswegen nicht!*

Man sieht: Der unerschöpfliche Humor verließ diesen Mann auch in verzweifelter Situation nicht. Er hatte sich fast zu Tode geschuftet und sich die *»blöden Augen«* durch den Zwang zur Nachtarbeit eingehandelt. Sei es das schwindende Augenlicht, sei es das durch sein hohes Alter bedingte Zittern der Hände: Er mußte jetzt immer häufiger seinen Enkel Georg Michael zur Unterstützung heranziehen, den 1748 geborenen Sohn von Telemanns Ältestem Andreas, der 1755 als Pastor in Ahrensbök gestorben war, erst vierzig Jahre alt. Das Enkelkind erwies sich als musikalisch sehr begabt, auch schon geschickt im Komponieren, und so konnte es manche Komposition des Großvaters nach dessen Anweisungen weiterführen oder sich diktieren lassen, wenn dessen Kräfte einmal nachließen*. Ungebrochen aber blieb die Geisteskraft des unermüdlichen Greises, dem die Musik *»Acker und Pflug«* bedeutete, und es wird immer ein Wunder bleiben, daß diesen Mann niemals Humor und Schaffenslust verließen und jedes neue Werk den staunenden Zeitgenossen eine Überraschung bot.

Christian Gottfried Krause, der Berliner Advokat, Komponist und Musikschriftsteller, schrieb am 31. Mai 1760 an Carl Wilhelm Ramler, als er Telemanns Vertonung von Ramlers DIE AUFERSTEHUNG UND HIMMELFAHRT JESU in Händen hielt: *»Ich sage Ihnen, es ist ganz unvergleichlich. Telemann hat in seinem 80ten Jahr gezeigt, daß er alles kann.«*

Joseph Haydn, ein wie Telemann ungemein fruchtbarer und vitaler Komponist, mußte im Alter von einundsiebzig Jahren sein letztes Streichquartett unvollendet lassen, weil die schöpferische Kraft nicht mehr ausreichte, wiewohl er noch sechs Jahre zu leben hatte. Auf sein Visitenkärtchen ließ Haydn damals drucken: »Hin ist alle meine Kraft, alt und schwach bin ich«, was Telemann niemals getan hätte, auch wenn er über seine *»Baufälligkeit«* gelegentlich seufzte. Mit einundsiebzig Jahren – fast möchte man sagen: Da fing Telemann erst richtig an.

Wie wenig hinfällig er in seinem Einfallsreichtum war, erlebten die Hamburger am 17. März 1762, als Telemanns neues Oratorium DER TAG DES GERICHTS uraufgeführt wurde, ein Werk, das musikalisch schon auf der Schwelle zur Klassik steht. Und als im Oktober dieses Jahres der Neubau der 1750 durch Blitzschlag eingeäscherten St.-Michaelis-Kirche mit einem Festakt eingeweiht wurde, trat Telemann ein letztes Mal als Dirigent auf, um seine Festmusik KOMM WIEDER, HERR zu leiten. Sie war splendide instrumentiert (nach der erhalten gebliebenen Abrechnung waren 32 Instrumentalisten beteiligt, unter ihnen sechs Trompeter und zwei Pauker); dafür haperte es aber wieder mit den Sängern, deren nur elf aufgeboten waren. Den Text der Kantate hatte der Archidiakon von St. Katharinen, Joachim Johann Daniel Zimmermann, geschrieben, und dessen Dichtung endete mit einem Schlußchor, den die Hamburger Presse damals *»sehr nett«* fand und der auch den Hörer von heute anrührt:

*»Ein Vorspiel des Tages, der alles zerstöret,
Hat dich, o Behausung des Höchsten, versehret;
Nun sinke nicht früher, denn alles zerfällt.
Ja, bis die Posaune die Gräber enthüllet,
Und Feuer die Gränzen der Schöpfung erfüllet,
Verschönre Du Hamburg, und Hamburg die
Welt!«*

Die Michaeliskirche – genauer ihr Turm, genannt »der Michel« – wurde bald zum Wahrzeichen Hamburgs und ist es heute noch. Die Brandprophezeiungen des Pastors Zimmermann wirken auf uns anders als auf die Zeitgenossen von 1762, denn nicht nur verbrannte St. Michaelis 1906 bis auf die Grundmauern (und wurde originalgetreu wiedererrichtet), das Kirchenschiff wurde am Sonntag Laetare (11. März) 1945 von Sprengbomben zerstört. Als Kuriosum sei am Rande erwähnt, daß der Rat genötigt war, für den Festakt eine eigene Verkehrsordnung zu entwerfen, die genau vorschrieb, wo und wie die Kutschen vorzufahren und wo sie anschließend zu parken hatten. Im engen Hamburg war das übrigens nichts Besonderes. Der Wagenverkehr machte den Stadtvätern schon damals schwer zu schaffen; selbst die Einbahnstraßen-Regelung war zu Telemanns Zeit gelegentlich verfügt worden. Erst der große Brand von 1842, der die enge und verwinkelte Altstadt, wie sie Tele-

Michael Richey. Kupferstich von Christian Fritzsch, 1753

MICHAEL RICHEY
HISTOR.ET GR.L.IN GYMNASIO HAMBVRGENSI PROF. P. ORDINIS SVI SENIOR.
ANNO MDCCLII. AETAT. LXXIV.

Hac face RICHEIVS erat, quam vivida nondum
  Oscula desineret figere Musa seni.
Cynthius ingenium gravitate iocoque venustum
  Rugosas tarde iussit habere vices.
Spirat adhuc candor, doctrinae gratia spirat,
  Postque Deum Patriae proximus ardet amor.
O! sibi dulce diu pergant decus esse vicissim
  Vir Patria dignus, Patria digna Viro!

Amico veteri ac vero
IOANNES HENRICVS A SEELEN.TH.L.

mann kannte, restlos vernichtete, ließ einen etwas großzügigeren Straßenausbau zu. Aber da war die Stadt auch mächtig gewachsen. Als Telemann nach Hamburg kam, lebten hier etwa 75 000 Menschen, 1764 waren es etwa 93 000, und 1836 lag die Einwohnerzahl bei 150 000.

Doch zurück ins Jahr 1763. Am 15. Februar beendete der Friede von Hubertusburg den Siebenjährigen Krieg, für Hamburg, auf das Wohlwollen aller an diesem Krieg Beteiligten dringend angewiesen, ein Grund zum Aufatmen, für Telemann Anlaß zu einer Festmusik. Mit ihr hat er im Juli dieses Jahres im Schloß des Grafen Schimmelmann in Wandsbeck gastiert, was nicht ohne Pikanterie war, denn Schimmelmann hatte sein Vermögen gerade dem Siebenjährigen Krieg zu verdanken. Das Dörfchen Wandsbeck, im Osten Hamburgs und auf dänischem Gebiet gelegen (das Gut Wandsbeck war ein Geschenk des dänischen Königs an Schimmelmann), war damals ein beliebter Ausflugsort der Hanseaten, denn der sozial denkende Schimmelmann hatte hier einen öffentlichen Park anlegen lassen (das noch heute in freilich sehr reduzierter Gestalt existierende »Wandsbecker Gehölz«), dessen Nachtigallen später Matthias Claudius so erfreuen sollten. Zu den Hamburger Ausflüglern gehörte auch Telemann, der dem dänischen Gesandten Johann Peter Willebrand bei einer Flasche »*Pyrmonter Brunnen*« (den er wohl sehr geschätzt hat) gar versicherte, er habe »*seine besten Compositiones in diesem wahren Musenhayn verfertiget*«.

Lange leben, so fand Goethe im Alter, bedeute, viele zu überleben. Telemann, der für die damaligen Verhältnisse überdurchschnittlich alt wurde, erlebte das ganz besonders. Der Textdichter, der ihn fast vierzig Jahre lang mit Dichtungen versorgt hatte, Michael Richey, starb 1761. Zwar hatte Telemann ihm schon 1732 ein baldiges Ableben prophezeit (*»sintemal Er beständig krank ist, und sehr zusammen fällt«*), aber der Dichter und Professor für Geschichte und Griechisch brachte es doch immerhin auf dreiundachtzig Jahre. Er hatte eine emsige Feder, die mehrere Bände Gedichte füllte, aber er schrieb auch eine KURZE GESCHICHTE DER HAMBURGISCHEN JOURNALE (1742) und ein Wörterbuch der Hamburger Mundart (1743). Ein vielseitig interessierter und beschäftigter Mann also, wie er dem Zeitgeschmack entsprach.

Dann starben 1762 Johann Valentin Görner und 1764 der dreiundachtzigjährige Johann Mattheson, zwei langjährige Weggefährten Telemanns. Er und Mattheson waren sich ja nicht immer grün gewesen, und Telemann hatte einige Male die *»stachelichte Feder«* dieses musikalischen Großkritikers zu spüren bekommen; aber im Grunde mochten sie sich, und etwa seit 1740 verband sie Freundschaft. In seiner GRUNDLAGE EINER EHRENPFORTE wies Mattheson sogar darauf hin, daß sie beide nicht nur im selben Jahr geboren waren, sondern sich auch im nämlichen Jahr verheiratet hatten. Wie menschlich waren doch damals wissenschaftliche Werke, die dergleichen Personalien als Fußnote drucken durften! Mattheson hat eine kleine Bibliothek verfaßt; wie die meisten seiner Zeitgenossen war er ungemein fleißig. Mit seiner umfassenden Bildung nahmen es nur wenige auf. Er gründete die erste Musikzeitschrift Deutschlands und war als Musikkritiker wie als Lexikograph von unbestechlichem Urteil. Als dem kinderlosen Mann 1753 die Frau starb, mit der er, anders als Telemann, glücklich verheiratet gewesen war, stiftete er zu ihrem Gedächtnis 44 000 Hamburgische Mark für den Bau einer neuen Orgel in St. Michaelis.

Auch andere zeitweilige Weggefährten lebten nicht mehr, so der Kantor Christian Urban Traumann im holsteinischen Wilster, dem Telemann einmal mit einer Komposition hatte helfen können und der, erst achtunddreißig Jahre alt, 1751 gestorben war. Oder der Lübecker Kantor Kaspar Ruetz, der dafür gesorgt hatte, daß auch an der Trave Telemann gespielt wurde; er war 1755 siebenundvierzigjährig gestorben. Ein anderer Vertrauter, Michael Ernst von Essen, hatte 1742 Hamburg verlassen und wirkte nun als Kantor in Husum.

Man hätte Telemann gern einen friedlichen Lebensabend gegönnt. Aber es sollte nicht sein. Plötzlich beschwerte sich der streitsüchtige Hauptpastor von St. Katharinen, Melchior Goeze (unrühmlich bekannt durch seine Auseinandersetzungen mit Lessing), in einem Brief an den Rat, Telemann habe bei einer Aufführung einen Luther-Choral durch Textabwandlungen verunstaltet. Telemann wies diese alberne Beschuldigung souverän zurück und schrieb ironisch-resignierend am Ende seines Briefes: »*Üb-*

rigens wird mein unvermögendes Alter, und meine nur noch kurz anscheinende Lebenszeit mich verhindern, fernere Unvorsichtigkeiten in diesem Falle zu begehen.«

Das war im Sommer 1764. Im Herbst 1765 gab es wieder einmal eine Auseinandersetzung wegen der unzulänglichen Bezahlung der Sänger und wegen der ständigen Versuche, Telemanns wahrlich nicht hohe Honorare zu beschneiden. Dabei ist daran zu erinnern, daß Telemanns Gehalt und Honorare in den vierzig Jahren seiner Hamburger Zeit konstant geblieben waren, während sich Bürgermeister und Ratsherren selbstverständlich kräftige Gehaltszulagen verordneten*. Bitter schreibt der greise Komponist, nachdem er dem Rat die Querelen geschildert hat: »*Gott behüte meine Nachfolger für dergleichen zur Verzweifelung leitenden Geschäften!*« Am 20. November machte er sein Testament*. Er hatte mit dem Leben abgeschlossen, aber natürlich nicht mit der Musik, die er »*für eine Haupt-Glückseligkeit meines Lebens*« ansah. Das hatte er 1718 an Mattheson geschrieben und mit dem Reim ergänzt:

Also leb ich biß anher
  bey beständig-munterm Fleiße
Doch | wer will die Zeit bereun |
  die uns | mitten bey dem Schweiße |
Einen jeden Tag zur Stunde |
  zur Minute jede Nacht |
Und den gantzen Lauff des Lebens
  hat zum Paradieß gemacht.

In diesem Jahr 1765 bekam Telemann Besuch. Der Musiker Johann Wilhelm Hertel war nach Hamburg gekommen und machte Telemann seine Aufwartung. Hertel, der von sich in der dritten Person schreibt, berichtet:

»Auch fand er noch den Herrn Capell-Meister Telemann, einen alten intimen Freund seines Vaters am Leben und freute sich um so mehr seiner Bekanntschaft, als solcher einen ansehnlichen Platz unter den grösten Componisten verdienet. Dieser alte Noten-Held führte ihn bey seinem ersten Besuch so tief in eine Unterredung über die Theorie der Composition, daß er endlich vermuthen mußte, er wolle ihn auf die Zähne fühlen, dagegen aber erlaubte er sich auch seiner Seits das Gespräch auf den jetzt verfeinerten Geschmack zu lenken. Indeßen bemerkte er nicht ohne Vergnügen, daß ihn dieser erste Besuch die ganze Zuneigung des ehrwürdigen Alten erworben hatte; weil er hernach oft von ihm zu sich gebethen ward.«

Was Hertel nicht erzählt: Sicher haben die beiden auch eingehend über Telemanns *»Bluhmen-Liebe«* gesprochen, denn auch Hertel war ein passionierter Blumenfreund, der nach eigenem Eingeständnis *»seit Jahren mit den grösten Fleuristen in und außer Deutschland in Brief-Wechsel«* stand und 1787 sogar eine KURZE GESCHICHTE DER NELKEN veröffentlichte.

Und schließlich entstanden im Jahr 1765 zwei bedeutende Alterswerke Telemanns, denen freilich vom Alter ihres Schöpfers nichts anzumerken ist: die Kantate INO und die Suite in D-dur für 2 Hörner,

2 Oboen, 2 Violinen, Viola und Basso continuo, ein siebensätziges Werk, das dem musikliebenden Landgrafen Ludwig VIII. von Hessen-Darmstadt gewidmet ist.

Der weltlichen, hochdramatischen Solo-Kantate INO für Sopran (Alt) und ein mit zwei Hörnern, zwei Flöten und Streichern besetztes Orchester liegt ein Text des damals sehr berühmten, noch von Goethe geschätzten Carl Wilhelm Ramler zugrunde, der schon früher mehrmals für Telemann gearbeitet hatte. Die Kantate INO ist zu Lebzeiten ihres Komponisten nicht mehr aufgeführt worden und auch heute leider sehr selten zu hören, vielleicht weil sie zu ihrer vollkommenen Realisierung einer überdurchschnittlich begabten Sängerin bedarf. Das ist darum schade, weil diese Komposition – wie die meisten Alterswerke Telemanns – dazu beitragen könnte, das weitverbreitete Vorurteil vom gefälligen Telemann auszuräumen. Es ist außerordentlich, wie hier der Vierundachtzigjährige die ganze Skala der Gefühlsregungen, besonders in ihren Extremen, musikalisch umsetzt und mit welchen harmonischen Kühnheiten (in der Klage der Ino um den totgeglaubten Sohn) er arbeitet. Hört man diese Kantate, so stellen sich unabweisbar Assoziationen an die Musik Glucks ein.

Als im Frühjahr 1766 der Magdeburger Komponist Johann Heinrich Rolle dem greisen Telemann einen Besuch abstattete, fand er den »alten Notenheld« doch schon recht müde vor. Er würde, so versicherte der Meister seinem Gast, im nächsten Jahr

»sterben, gewiß sterben«. Und dennoch komponierte er im Sommer 1766 eine weitere (nicht erhaltene) Orchestersuite für den Landgrafen von Hessen-Darmstadt, dem er im Widmungsbrief schrieb:

Ich war Willens, meine Feder eine zeitlang ruhen zu lassen, weil ich, bey Verfertigung der letztens überschickten Music, deren ersten Theil ich einem hiesigen draussen wohlbekandten Kaufmann, Herrn Schmidt, mitgegeben hatte, eine gar merkliche Abnahme meines Gesichts verspürete; es fiel mir aber ein Zeitungsblatt in die Hände, wo ich las: Der Durchlauchtigste Landgraf von Darmstadt, Ludwig der VIII, würden am 25. August Ihr Namensfest feyerlichst begehen. Ich gerieht fast sofort in eine Begeisterung, u. machte den Entwurf zu hierbey kommenden Stücken.

Die letzte Arbeit galt der Markus-Passion* für das Jahr 1767.

Georg Philipp Telemann starb am 25. Juni 1767, einem Donnerstag, abends um neun Uhr in seiner Wohnung an den Hohen Bleichen an einer »Brustkrankheit«. Das bedeutete wohl, daß eine Lungenentzündung der altersgeschwächten Physis ein Ende gesetzt hat.

Der Kutscher des Hamburger Marstalls* fuhr den Sarg mit dem Leichnam in einem Trauerkondukt von zwei Wagen und zwei Pferden am 29. Juni von der Wohnung Hohe Bleichen auf den Johannisfriedhof und berechnete dafür dem Enkel 21 Hamburgische Mark.

Vierundvierzig Jahre vor seinem Tode hatte Telemann die Musik, seine *»Haupt-Glückseligkeit«*, so bedichtet:

Zu ihrer Trefflichkeit
  Ist dieses auch zu zählen:
Wenn unser Bau des Leibes Risse kriegt,
Und wenn des Alters Hand
  den steifen Rücken bieg't,
Wo aller Lüste Scherz
  sich von ihm selbst verbeut:
So kann man die Music
  doch noch zum Labsal wählen.
Die machet uns kein nagendes Gewissen,
Weil sie die Unschuld selbst
  erlaubt und billig heiss't;
Es stärckt ihr rührend Werk
  den halberstorb'nen Geist,
Und bettet unser Haupt
  auf sanfte Ruhe-Küssen.

Der Nachruhm

Eine Woche nach der Aufführung der Brockes-Passion im März 1723 druckte der *Hollsteinische Correspondent* dieses Gedicht:

> *Du zeigst uns abermal,*
>   *beliebter Telemann,*
> *Was Deine Kunst ins uns*
>   *für Wunder schaffen kann,*
> *Indem Dir Brockes Geist*
>   *die reiche Feder führet,*
> *Und so, wie Seine Schrift,*
>   *Dein Ton die Herzen rühret.*
> *Du zeigst, daß auch in todten Saiten*
> *Ein Leben, Geist und Regung ist,*
> *Und daß, wie Brocks*
>   *der Phöbus uns'rer Zeiten,*
> *So Du derselben Orpheus bist.*

Solche spontanen poetischen Regungen – gleichsam ein Leserbrief in Versen – waren damals nichts Seltenes; auch Telemann hat zu bestimmten Anlässen Gedichte in die Zeitung einrücken lassen. Den Überschwang solcher Poesien, in denen es unter bombastischen Vergleichen mit den antiken Göttern und Halbgöttern gar nicht zu machen war, setze man aufs Konto des Zeitgeschmacks. So ernst, wie es klingt, hat man das auch damals nicht genommen. Der mit Telemann befreundete Dichter Christian Friedrich Weichmann, von dem das zitierte Poem stammt, gab eine mehrbändige Anthologie POESIE DER NIEDERSACHSEN heraus, in der auch Telemann als Poet vertreten war, darunter mit dieser Probe, ÜBER ETLICHE TEUTSCHE COMPONISTEN betitelt:

> *Zeigt Kuhnau [1] seine Pracht*
>   *in seinen Kirchen-Stücken;*
> *Läßt Kaiser [2] seinen Geist*
>   *in hundert Opern blicken;*
> *Bemüht sich Hendels [3] Fleiß*
>   *in ändernden Cantaten;*
> *Setzt Petz [4] die Feder an*
>   *zu schmeichelnden Sonaten;*
> *Läßt Pepusch [5] seine Kunst*
>   *meist in Concerten spüren,*
> *Und weist sich Patalon [6]*
>   *in netten Ouvertüren:*
> *So muß Venedig, Rom,*
>   *Paris und London sagen,*

[1] Johann Kuhnau (1660–1722), [2] Reinhard Keiser (1674–1739), [3] Georg Friedrich Händel (1685–1759), [4] Johann Christoph Petz (1664–1716), [5] Johann Christoph Pepusch (1667–1752), [6] Pantaleon Hebenstreit (1669–1750); interessant ist, daß sowohl Johann Sebastian Bach wie Johann Adolf Hasse in diesem um 1730 geschriebenen Gedicht nicht erwähnt werden.

*Die besten Meister sind
  in Teutschland zu erfragen.*

Und Weichmann setzte in weit ausholendem barokkem Kompliment – man sieht es geradezu – darunter:

*Wen aber wundert nicht,
  daß man in Telemann,
Gleich als ein Mittelpunct,
  dieß alles finden kann.*

Im Dezember 1730, als Telemann einen neuen Kantaten-Jahrgang veröffentlichte, las man dieses Gedicht im *Hollsteinischen Correspondenten:*

*Erfindungs voller Geist,
  du nie erschöpffte Quelle,
Vollkommner Telemann,
  der Thon Kunst beste Pracht,
Dich setzte Hamburgs Glück
  an deines Amtes Stelle,
Hier hast du die Musik
  in höchsten Flor gebracht.
Wahr ist's man rühmte längst
  die schön gesetzten Stücke,
Womit dein reicher Geist
  den Gottes-Dienst gezriert;
Doch wenn ich voller Lust
  auf diesen Jahrgang blicke,
So scheint es, daß du nie*

was schöners ausgeführt.
Mich dünckt ich höre noch
  die Boten blasend eilen,
Den strengen ernsten Klang,
  den freundlich-sanften Schall,
Der Flöten krausen Thon,
  bewegliches Verweilen,
Den durch Verächtlichkeit
  recht hoch geschätzten Hall.
Wie artig wechselte
  dein freudiges Willkommen.
Der Basse Zwischen-Raum
  eröffnete das Thor
Der scheue kurtze Blick
  ward deutlich wahrgenommen,
Erhubest du das Haupt,
  stieg meine Lust empor.
Beliebter Schrecken-Schall
  der thönenden Posaunen,
Es wuchs der seltne Thon,
  stieß an, hielt aus, durchdrang,
Es fühlte selbst mein Geist
  ein banges Lust-Erstaunen
Wobey er deinen Ruhm
  im Dencken doch besang.
O! fahre ferner fort,
  der Ruhm wird ewig klingen;
Kein Ausdruck, Leidenschafft,
  sey deiner Kunst ein Ziel.
Auf Dichter! Telemann
  gleich König zu besingen,

> *Denn, bey gehäufftem Lob,*
> *erlangt er nie zu viel.*

Der hier zu besingende König ist der Dresdner Hofpoet Johann Ulrich von König, der die Texte dieses Kantaten-Jahrgangs geschrieben hatte; von ihm stammt auch das Libretto von Telemanns 1721 in Hamburg uraufgeführter Oper DER GEDULDIGE SOKRATES.

Schon vier Wochen nach diesem Jubelpoem wurde wieder ein AN HERRN CAPELLMEISTER TELEMANN adressiertes Reimwerk veröffentlicht:

> *Warum bleib ich doch stets*
>   *bey deinen Wundern still?*
> *Weil dein Verdienst mich schreckt,*
>   *so oft ich reden will,*
> *Und warum mühte sich*
>   *die Ohnmacht dich zu loben*
> *Bist du von Fama nicht*
>   *am würdigsten erhoben?*
> *Ein Ton, der unsere Luft*
>   *auf dein Geheiß zerbricht,*
> *Wird straks zum Lobeswerk,*
>   *das Fama für dich spricht*
> *Aus jeder Violin und sanften Flöte*
> *Macht sie ohn Unterlaß*
>   *dir eine Ruhm-Trompete.*

All diese gutgemeinten Verse bekunden, daß sie nicht nur dem Komponisten huldigen, sondern auch dem liebenswerten Menschen Telemann gelten. *»Hochgeehrtester Herr Capellmeister! verehrungswürdigster Greiß! wahre Ehre unser Vaterlandes, und Beschämer aller unserer Nachbarn!«* redete der Berliner Musiker Agricola seinen Korrespondenzpartner 1757 an. *»Theuerster und würdigster Greis«* nennt ihn 1762 der Dichter Christian Fürchtegott Gellert, den Telemann um Texte zur Vertonung gebeten hatte; Gellert schreibt weiter: *»Gott lasse Ihr hohes und rühmliches Leben bis an den letzten Augenblick ruhig, gesegnet und gemeinnützig seyn, und Sie in Ihrem Tode schon die Freuden des zukünftigen seligen Lebens schmecken!«*

Was auch immer gegen jene Zeit eingewendet werden mag – sie war zumindest in einem Punkt ehrlicher als die unsere: Sie tabuisierte weder den Tod noch das Alter. Der alte Mensch genoß den Respekt der Gesellschaft, und die Anrede »Greis« war ein Ehrentitel. Ein alter Mensch war ehrwürdig; ihn an seinen nahen Tod zu erinnern galt nicht als ungehörig in dieser Epoche, in der jedem bewußt war und jeder tagtäglich daran erinnert wurde, daß der Tod der selbstverständliche Kontrapunkt des Lebens sei, und in der man alles Leben stets vor dem Hintergrund des Todes bewertete und darum vielleicht auch viel bewußter genoß. Einen alten Menschen aus Feigheit vor dem Alter »Senior« zu nennen (in Hamburg war das ja damals eine Berufsbezeichnung): Telemann und seine Zeitgenossen hätten darüber nur den Kopf geschüttelt.

Als Georg Philipp Telemann am Abend des 25.

Juni 1767 gestorben war, erschien tags darauf der erste Nachruf in der *Hamburgischen Neuen Zeitung:*

»*Heute Morgen* [!] *ist Herr Georg Philip Telemann in einem Alter von 86 Jahren, in die selige Ewigkeit gegangen. Ihn nennen ist für alle Freunde und Kenner der Musik genug, und alle Lobreden seines grossen Talentes, durch welches er sich bey denselben berühmt und verdient gemacht hat, sind vor jetzt überflüßig. Hamburg hat ihn seit dem 10ten Julius 1721, folglich beynahe 46 Jahre durch den seinigen genannt, da er zum Director Chori Musici erwählt worden, und sahe ihn den Geschäften dieses Amts, auch in seinem glücklichen und muntern Alter, mit einem gleichen Eifer vorstehen.*«

Der *Hamburger Correspondent* schrieb einen Tag später:

»*In der Person des berühmten Telemanns hat unsre Stadt einen wahrhaften Verlust erlitten. Er hat gestern Abend, im 88sten Jahre seines ruhmvollen Alters, das Zeitliche mit dem Ewigen verwechselt. Sein Name ist sein Lobgedicht.*«

Die *Hamburgischen Nachrichten aus dem Reiche der Gelehrsamkeit* widmeten Telemann am 3. Juli sogar einen dreiseitigen Nachruf, in dem es heißt:

»*Den 25. Junius verstarb alhier Hr. Georg Philip Teleman, Director des Musicchors, ein Mann von seltenen Verdiensten um die Music, in einem hohen Alter, nachdem er 86. Jahre 2. Monate und 25 Tage erreichet hatte. Unsere Stadt hat von demselben Ehre gehabt, und er sich den Ruhm eines vorzüglich star-*

ken Meisters in der Composition schon längst erworben. Da er zugleich ein guter Dichter war, so verdienet er auch unter den Gelehrten billig einen Platz. [...] Wie sehr Hamburg des seligen Mannes Composition noch stets hochachte, kan nur dies Einzige beweisen, daß die von ihm, so wohl der Poesie, als Composition nach, herrührende Paßionsmusic, ›seliges Erwegen‹, betitelt, alle Jahr in einigen hiesigen Kirchen, als der Heil. Geist, St. Marien-Magdalenen, Waysenhauß-Kirche und auf dem Pesthofe, noch immer zur Fastenzeit aufgeführet werde, wobey die Anzahl der Zuhörer stets gleich zahlreich zu seyn pfleget. Er hat auch zuerst hier die Texten zur Music, welche alle Sonntage in den fünf Hauptkirchen aufgeführet wird, drucken zu lassen angefangen, womit noch beständig fortgefahren wird. Es erhellet daher zur Genüge, welche bleibende Denkmahle seiner Verdienste um die Kirchen-Music unserer Stadt sein Gedächtniß der erkenntlichen Nachkommenschaft empfehlen. Es verdiente daher der selige Teleman, daß ein Mann, dem seine Umstände näher bekannt, eine Lebensbeschreibung von demselben ans Licht treten liesse [...]. Eine geraume Zeit empfand er schon die Schwachheiten des Alters, welche davon mehrentheils Gefehrten sind. Zuletzt aber machte eine heftige Brustkrankheit seinem Leben ein Ende, dessen rühmliche Beschäftigungen seinen Namen längst verewiget haben.«

Am 17. Juli brachte dieses Blatt noch ein Gedicht Auf das Absterben des Hn. Capellmeisters Telemann:

Hier fließt sie treu und still,
  die Wehmutsvolle Zähre
Um Dich, den würdgen Greis,
  den Künstler und den Freund.
Die deutsche Tonkunst traurt;
  und – o der seltnern Ehre!
Selbst ihre neidische,
  die Welsche Schwester, weint.

Die Hamburger Zeitschrift *Unterhaltungen* druckte in ihrer Juli-Ausgabe diesen Nachruf:

»*Der Tod des Hern Capellmeisters Telemann, welcher im vorigen Monate erfolgte, muß unserer Stadt und allen wahren Kennern der Musik sehr empfindlich seyn. Wie vieles hat er nicht zur Verschönerung einer Kunst beygetragen, die ihn auch noch in seinem spätesten Alter mit so vielem Ruhme beschäfftigte. Wir werden uns bemühen, seine Lebensumstände zu sammeln, und sie dann nebst einer Nachricht von seinen Arbeiten in dieser Monatsschrift mittheilen.*

Ruh der geweihten Gruft!
  und den Gebeinen Friede!
Erst spät entschlief der Greis,
  des irdschen Lebens müde,
Und doch für seine Kunst zu früh.
Ihr Weste, kühlt sein Grab,
  feyrt es, der Weisen Chöre,
Kein Laut des rauhen Nords,
  kein Lob des Schwätzers störe
Den Mann der Harmonie!

Das schönste Gedicht aber, VERSE AUF DEM SARGE DES SELIGEN HERRN CAPELLMEISTERS TELEMANN, erschien im November-Heft der *Unterhaltungen:*

> *Ihr Freunde des Geschmacks,*
>   *des Herzens und des Blutes,*
> *Ich weiß der Erde Müh,*
>   *ich weiß der Erde Gutes,*
> *Gönnt meinem mürben Leibe Ruh.*
> *Ihr hörtet oft, Monarch und Unterthan,*
> *Dem irdischen Gesang von eurem*
>   *Telemann*
> *Mit sichtbar starker Rührung zu.*
> *Doch wißt, in meines Mittlers Hallen,*
> *Da horch ich selbst mit eines Lehrlings Ohr*
> *Dem Amen in dem Geisterchor,*
> *Den Hallelujahliedern zu,*
> *Die durch die Himmel Gottes schallen.*
> *Hier soll mein heisser Wunsch gelingen,*
> *Dem Gott, der sich mit mir vereint,*
> *Dem Quell der Seligkeit,*
>   *so lang ich bin, zu singen;*
> *Und ewig bin ich; – nicht geweint!*

Der Verfasser ist Johann Joachim Eschenburg, ein ehemaliger Schüler Telemanns am Johanneum und Freund Lessings. Christoph Daniel Ebeling schrieb noch im Oktober 1770 in den *Unterhaltungen* über Telemann den so schönen wie richtigen Satz: »*Er hat zuerst unter den Deutschen Leichtigkeit und Natur in die Melodien seiner Arien gebracht.*«

Telemann ist das schwerlich gedankt worden, denn »*Leichtigkeit*« hat unter den Deutschen noch nie als Empfehlung gegolten, damals wie heute. »Es ist der Charakter der Deutschen, daß sie über allem schwer werden, daß alles über ihnen schwer wird«, stellte Goethe keine zwanzig Jahre nach Telemanns Tod fest*.

Vor allem hat man Telemann zweierlei übelgenommen: sein immenses Schaffen und die Tatsache, daß er in seiner Zeit berühmter war als Johann Sebastian Bach, den die Leipziger nur nahmen, weil sie Telemann nicht bekommen konnten. Folgerichtig begann man – und der Bach-Biograph Philipp Spitta eröffnete den traurigen Reigen –, Telemann mit Bachs Maßstäben zu messen und ihn zu verdammen.

Telemanns gigantische Produktion hat zweifellos etwas Beängstigendes. Auch Ebeling tadelte: »*Überhaupt wäre er grösser, wenn es ihm nicht so leicht gewesen wäre, so unsäglich viel zu schreiben. Selten hat man von Polygraphen viele Meisterstücke.*« Und doch räumt auch Ebeling solche Meisterstücke ein. Er nennt zum Beispiel Werke wie DIE HIRTEN AN DER KRIPPE ZU BETHLEHEM (1759), DAS BEFREITE ISRAEL (1759), DER TAG DES GERICHTS (1762), die DONNER-ODE (1756) und den MESSIAS (1759) – ausnahmslos Spätwerke. Das zeigt einen sicheren Geschmack – allerdings fehlen die Admiralitätsmusik und alle Kapitänsmusiken –, wenngleich Ebeling von einem anderen Werk meint, man nehme »*doch schon Spuren des Alters*« darin wahr. Aber solche Spuren gibt es nicht.

Es stimmt: Telemann hat unendlich viel geschrieben; aber er war kein Vielschreiber. Sein Amt nötigte ihn zu unablässigem Komponieren, und da konnte es gar nicht ausbleiben, daß gelegentlich auch Mittelmäßiges entstand. Dennoch muß man feststellen, daß es im Œuvre Telemanns, soweit es uns heute erschlossen ist, eigentliche Geschmacksentgleisungen nicht gibt.

Kaum auch bedenkt man sein Alter. Mit 86 Jahren ist er älter geworden als jeder andere namhafte deutsche Komponist, ausgenommen Heinrich Schütz, der 87 wurde. Bach starb mit 65 Jahren, Händel mit 74, Haydn mit 77, Beethoven mit 56, Brahms mit 64. Zu schweigen von Mozart (35), Schubert (31), Mendelssohn (38) und Schumann (46). Mit 85 Jahren ist neben Schütz und Telemann nur noch Richard Strauss ein ähnliches Alter gewährt worden.

Was Telemanns Verhältnis zu Bach angeht, so ist dieser wahrlich überflüssige Streit längst ausgestanden. Es ist unsinnig, etwa Bachs Passionen mit denen Telemanns zu vergleichen, weil beide etwas ganz anderes wollten. Es wurde schon darauf hingewiesen, daß etliche Werke Telemanns durchaus anerkannt waren, solange sie für Kompositionen Bachs galten*. Nachdem der wahre Urheber bekannt ist, können diese Arbeiten nun nicht plötzlich darum schlecht sein, weil wir den Autor kennen. Bach hätte sich auch wohl kaum Telemannsche Kompositionen abgeschrieben, hätte er sie für minderwertig erachtet. Für die Musikwissenschaft ist dieser »Fall«, der nie einer war, schon lange gegenstandslos. Aber hätten wir nicht ein so unbeschreiblich phantasieloses Musikleben, dann wären Telemanns besondere Qualitäten auch einer breiteren Öffentlichkeit längst bekannt. Mit der ewigen Reproduktion von Blockflöten-Sonaten, Trios und Orchestersuiten (im Konzertsaal wie auf Schallplatten, wobei allerdings die interessanten meistens fehlen) ist freilich kein neues und gewandeltes Telemann-Bild zu gewinnen. Der wahre Telemann, nämlich der Schöpfer reichinstrumentierter Vokalwerke, ist bis heute unbekannt und überhaupt noch zu entdecken.

Zum Beschluß sollten auch einige Sätze über den Menschen Telemann gesagt sein. Er war – nehmt alles nur in allem – ein Glückskind des Lebens, und auch das ist fast schon ein vernichtendes Urteil. Denn der in den Köpfen bis heute spukende Geniekult hat uns ja gelehrt, daß Genies bis zur Perversität krank sein müssen, auf alle Fälle todunglücklich und mit dem Dasein zutiefst zerfallen. Telemann hatte das Unglück, diese Erwartungen nicht zu erfüllen. Das heißt nicht, daß ihm Widrigkeiten erspart geblieben wären. Aber er überwand sie dank eines ungewöhnlich glücklichen Naturells und dank einer Philosophie, die er 1718 in einem Gedicht so formulierte:

Lust und Fleiß kann Wege finden /
Ob sie noch so tieff verschneyt /
Und ein kühnes Unterwinden
Trotzet der Unmöglichkeit.
Zeigen sich gleich große Berge?
Frisch gewagt! du kommst hinan.

*Sieh die Schwürigkeit für Zwerge /
Dich für einen Riesen an.*

Nach dieser Devise handelte er. Zustatten kam ihm dabei ein von Grund auf heiteres Wesen, das stets menschenfreundlich empfand. Vor allem aber verließ ihn nie sein Humor. Heiterkeit und Humor bedeuten ja nicht triviale Lustigkeit und Spaßmacherei; Humor ist eine tiefe Lebensphilosophie. Wer Humor hat, vermag zu relativieren und Probleme auf das ihnen angemessene Maß zu reduzieren.

E. T. A. Hoffmann hat in seinem Märchen PRINZESSIN BRAMBILLA (1820) diese Formel für den Humor gefunden: »... die wunderbare, aus der tiefsten Anschauung der Natur geborne Kraft des Gedankens, seinen eignen ironischen Doppelgänger zu machen, an dessen seltsamlichen Faxen er die seinigen und – ich will das freche Wort beibehalten – die Faxen des ganzen Seins hienieden erkennt und sich daran ergötzt.«

Die »Faxen des ganzen Seins« – Telemann hat sie gekannt und anerkannt. Er war ein in jeder Weise erstaunlich gesunder Mensch; gelegentliche leichte Krankheiten und Altersbeschwerden widersprechen dem nicht. Daß er so gesund war, beweist nur, daß er sich mit der Welt im reinen befand und daß mit der Harmonie seines Geistes die Harmonie des Körpers korrespondierte. Sein Humor war Teil seiner ausgeglichenen Lebensphilosophie und entsprang überlegener Nachsicht; aggressiver Witz war ihm fremd. So ist es denn auch recht bezeichnend, daß er in seiner wahrhaft bezaubernden Kantate DER SCHULMEISTER zwar einen prahlerischen Winkelpädagogen persifliert, ihn aber nicht verspottet. Zwar erlebt der Schulmeister, der sich für einen unvergleichlichen Sänger hält (»*Wenn der Schulmeister singt, / So klingt es wunderschön!*«), ein peinliches Fiasko vor seinen Schülern, aber er rühmt sich dessenungeachtet:

Das war ein rechtes Meisterstücke,
Dergleichen weder Telemann,
Noch Hasse selbst zuwege bringen kann.

Vielleicht hat Telemann selbst diesen Text gedichtet; es würde durchaus zu ihm passen. Nein, keine Schadenfreude, nur ein nachsichtiges Lächeln gilt dem Prahlhans.

Telemanns Humor äußert sich besonders eindrucksvoll in der Kantate auf den Tod eines Kanarienvogels, die im Original diesen Titel trägt: CANTATE ODER TRAUER-MUSIC EINES KUNSTERFAHRENEN CANARIEN-VOGELS, ALS DERSELBE ZUM GRÖSSTEN LEIDWESEN SEINES HERRN POSSESSORIS VERSTORBEN. Die Widmung samt Impressum lautet: »*Allen Liebhabern der edlen Music publizieret. Anno 1737 in Hamburg.*« Der Reiz dieser Kantate liegt gerade darin, daß sie nicht allein komisch ist, sondern daß Telemanns Musik die Tragikomik enthüllt. Denn der Schmerz des »*Herrn Possessoris*« (Besitzers) über den tot hingestreckten kunstsinnigen Liebling ist durchaus tief empfunden, doch der Klagegesang läßt uns einerseits lächeln, weil sein Stil an entsprechende Arien der Oper erinnert, andererseits aber spüren wir auch den Kummer des Mannes um sein geliebtes Tier. Die Komik aber liegt darin, daß dem Ausbruch des Schmerzes eine Arie folgt voll ohnmächtiger Wut über den Tod, der dem Vogelbesitzer dies angetan: »*Friß, daß dir der Hals anschwelle.*« (Karl Grebe: »Noch nie in der seriösen Musik war so unverhohlen geschimpft worden.«) Und nun folgt wieder eine leidvolle Abschiedsklage; der Grimm des Besitzers siegt indes über die Töne edler Trauer, denn wenn er die Inschrift für des Vogels Grabstein formuliert, bricht er in heimisches Platt aus:

> *Dat de der Hagel!*
> *Hie ligt en Vagel,*
> *De kunn mann neerteck quinqueleeren,*
> *Und alle Minschen konnten teren.*
> *Du Strekkebeen! als du*
>   *wollst düssen Vagel freten,*
> *So wull ick, dat du wär*
>   *wat an den Hals geschmeten!*[1]

Das Plattdeutsche war Telemann geläufig; er hat in dieser Sprache sogar eine ganze Kantate vertont: HA,

---

[1] »Daß dich der Hagel! / Hier liegt ein Vogel, / Der konnte niedlich quinquilieren, / Und alle Menschen rühren. / Du Streckebein! als du wolltest diesen Vogel fressen, / So wollt ich, man hätte dir etwas an den Hals geschmissen!« Das Wort »Strekkebeen« wird gelegentlich als Katze gedeutet, die aber im Libretto nirgends vorkommt. »Strekkebeen« ist ein niederdeutsches Wort für den Tod (der die »Beine [Gebeine] streckt«).

HA, WO WILL WI HÜT NOCH DANZEN, die von einer Hochzeit auf dem Lande handelt.

»*Du weißt, es wohnt in mir kein sauer-töpfisch Herz*«, bekannte er 1730 in einem Widmungsgedicht. Und wieviel liebevoller Humor spricht aus jener Suite in F-dur für 4 Hörner, 2 Oboen, Fagott, Streicher und Basso continuo, mit der er eine musikalische Vedute Hamburgs geliefert hat. Nach der Ouvertüre mit dem fugierten, fast »flott« zu nennenden Mittelteil (Willi Maertens hat sie sehr glücklich mit einer »aufschießenden Tonleiter-Fontaine« verglichen) folgen acht Miniatur-Hamburgensien: DIE KANONIERENDE PALLAS, darin das Salutschießen von Hamburgs Wällen zu hören ist; DAS ALSTER-ECHO, das die beliebten Wasser-Partien assoziiert; DIE HAMBURGISCHEN GLOCKENSPIELE, die uns an die Glockenspiele auf den Türmen von St. Petri und St. Nikolai denken lassen; DER SCHWANEN GESANG, der die sanft dümpelnden Alsterschwäne malt; DER ALSTER SCHÄFFER DORFF MUSIC, bei denen offenbar ein polnisches Ensemble aufspielt; DIE CONCERTIERENDEN FRÖSCHE UND KRÄHEN, dessen drollige dissonanzenreiche Lautmalerei ungemein komisch wirkt, von Mattheson aber sicher nicht gebilligt wurde; DER RUHENDE PAN, ein Stück sanften Naturpanoramas, dessen Titel nicht nur daran erinnert, daß nach dem Zeitgeschmack jener Jahre die antiken Gottheiten an Elbe und Alster geradezu heimisch waren, sondern auch daran, wie sehr die Hansestadt damals eine Stadt im Grünen war; endlich DER SCHÄFFER UND NYMPHEN EILFERTIGER ABZUG, ein munterer Kehraus zu Ende eines hanseatischen Feiertags, wo sich wieder nach barocker Phantasie die Nymphen zu den Schäfern vors Tor begeben und wahrscheinlich plattdeutsch reden.

Eine Neuausgabe dieser Suite bezeichnet das Werk im Untertitel als »musikalischen Spaß«, aber das scheint mir die falsche Bezeichnung zu sein. Diese Suite ist weder ein Jux noch eine banale Programm-Musik; sie reflektiert heiteres Empfinden von humorvoller Zärtlichkeit, ist anmutige Huldigung des Komponisten an seine Wahlheimat und läßt an die Sätze denken, die Goethe 1798 nach einer Aufführung von Cimarosas Oper DIE BESTRAFTE EIFERSUCHT an Schiller schrieb: »Ich habe dabei die Bemerkung gemacht: wie es möglich wird, daß das Alberne, ja das Absurde sich mit der höchsten ästhetischen Herrlichkeit der Musik so glücklich verbindet. Es geschieht dieses allein durch den Humor, denn dieser, selbst ohne poetisch zu sein, ist eine Art von Poesie und erhebt uns seiner Natur nach über den Gegenstand.«

Für wen schrieb Telemann? Welche Forderungen stellte er an seine Musik? Er hat in seiner Autobiographie von 1718 dies gereimt:

> *Ein Satz der Hexerey in seine Zeilen faßt /*
> *Ich meyne / wenn das Blat*
>   *viel schwehre Gänge führet /*
> *Ist musicirenden fast meistens eine Last /*
> *Worbey man offtermals*
>   *genung Grimacen spühret.*

Ich sage ferner so: Wer vielen nützen kan |
Thut besser | als wer nur
für wenige was schreibet;
Nun dient | was leicht gesetzt |
durchgehends jedermann:
Drum wirds am besten seyn |
daß man bey diesem bleibet.

Er hat diesen Gedanken vier Jahre später gegenüber Mattheson noch einmal bekräftigt: »*Die Kunst ohne Naturell erlangt nur bei Kennern, als etwas Mühsames, ihren Wert; das Naturell aber, ohne Kunst, kann einer Menge Menschen, öfters auch Kennern, gefallen; woraus sich der Vorzug dieses vor jener erweist. Doch ist es am besten, wenn das Naturell der Kunst vorgehet und sie hernach beide verknüpfet werden.*«

Mozart hat 1782 von seinen Klavierkonzerten etwas Ähnliches gesagt: »Die Konzerte sind eben das Mittelding zwischen zu schwer und zu leicht, sind sehr brillant, angenehm in die Ohren, natürlich ohne in das Leere zu fallen; hie und da können auch Kenner allein Satisfaktion erhalten, doch so, daß die Nichtkenner damit zufrieden sein müssen, ohne zu wissen warum.«

Aus beiden Äußerungen spricht der Geist der Aufklärung. Wir sind seit der Zeit des Geniekults im 19. Jahrhundert, dessen unseliges Erbe nach wie vor lebendig ist (aber nur in Deutschland), daran gewöhnt, uns am Bild des unverstandenen, vereinsamten, seiner Zeit weit vorauseilenden Meisters zu erbauen. Ein Künstler, der auch von einem breiteren Publikum verstanden wird, gilt als verdächtig, eigentlich als nicht ganz seriös; daher auch der stete Hinweis auf den großen, von seiner Zeit nicht verstandenen Bach und den seichten Telemann, den natürlich alle gemocht haben. Aber das 18. Jahrhundert dachte praktisch, und alle Künste dienten dem praktischen Gebrauch. Daß Bach – der jedem Musikverständigen damals selbstverständlich ein Begriff war – weniger populär war als Telemann oder Händel, lag mit daran, daß seine Kompositionen schwer erreichbar waren, weil er das wenigste veröffentlichte. Aber vielleicht entscheidender war, daß man ihn nicht für einen unverständlichen Avantgardisten ansah, sondern für völlig veraltet hielt. Es wäre vorstellbar, daß man zu Dürers Zeit ähnlich über Grünewald geurteilt hätte. Erfolg oder Mißerfolg bei Zeitgenossen hat noch nie etwas über die Qualität ihrer Arbeit ausgesagt, damals wie heute. Und es gibt keinen einzigen bedeutenden Komponisten, der zeitlebens von seinen Mitmenschen verkannt gewesen wäre. Das Gegenteil ist der Fall, auch wenn nur allzugern die Legende vom »verkannten Genie« gepflegt wird. Einige haben es etwas schwerer gehabt und länger gebraucht, sich durchzusetzen – das ist alles.

Telemann, den der Musikwissenschaftler Walther Siegmund-Schultze recht glücklich einen »Meister kunstvoller Popularität« genannt hat, schrieb aus der Praxis für die Praxis. Er wollte verstanden sein (das hat mit »Anpassung« gar nichts zu tun), und er wollte, als fleißiger Musikverleger, der Hausmusik – das

war die eigentliche musikalische Praxis, nicht der Konzertsaal – spielbare Kompositionen anbieten. Wer sie selbst einmal musiziert hat, weiß, wie unzutreffend die Meinung ist, Telemann fordere den Ausübenden nicht. Daß er heute in der Hausmusik so populär ist, liegt nicht daran, daß seine Werke technisch keine Probleme böten, sondern daran, daß sie so ungemein instrumentengerecht komponiert sind. Allerdings stand die Hausmusik damals auf einem hohen technischen Niveau, und daß Telemann einige Werke Hamburger Kaufleuten zugeeignet hat, beweist auch, daß die Hamburger Handelsherren nicht jene Banausen gewesen sind, zu denen sie eine unausrottbare Legende bis heute hat machen wollen.

Telemann hat den Menschen mit allen seinen Schwächen geliebt und ihn nie in seiner Würde verletzt. Er war tolerant; deswegen war ihm auch jede Art von Fanatismus und frommem Eifer fremd, und wo ihm etwas mißfiel, wehrte er sich mit gesundem Selbstvertrauen. Nie findet sich bei ihm ein grobes Wort oder ein Ausbruch des Hasses. Dem Unrecht, das bezeugen seine Briefe, begegnete er mit den Mitteln der Ironie und des Humors. Das ist alles andere als Schwäche, denn in seinen Auseinandersetzungen

Das Telemann-Denkmal
im Park des Etatsrats Carl Friedrich Richardi in Horn* (1782); das Denkmal scheint schon 1796 nicht mehr existiert zu haben, denn in einer Beschreibung dieses Parks aus diesem Jahr wird es nicht mehr erwähnt.
Kupferstich von Franz Nikolaus Rolffsen

mit den Ratsdruckern erweist er sich als ein beherzter Kämpfer für ein Urheberrecht, das es damals noch nicht einmal in Ansätzen gab.

Bis zum Ende seines langen Lebens ist er seinem Bekenntnis treu geblieben: »*Allein Music kennt nichts als lauter Güte.*«

Anmerkungen

Seite 15 *ein gedrucktes Textheft:* Der Brauch, Texthefte zu drukken, war kurz nach der Jahrhundertwende aufgekommen. Der Sinn: Die Gemeinde sollte die Texte auch verstehen und mitsingen können. Noch in Telemanns Hamburger Passionsmusiken war es üblich, daß die eingestreuten Choräle von der Gemeinde mitgesungen wurden; deswegen hielt sich Telemann auch an die Choralmelodien des Hamburger Gesangbuchs. Das erste Telemannsche Textbuch datiert von 1711; es ist eine Kantate von Erdmann Neumeister. In Hamburg zahlte man für solche Textbücher durchschnittlich 3 Schillinge.

Seite 33 *gedruckte Plakate in lateinischer Sprache:* Da das Datum der Amtseinführung in der Telemann-Literatur unterschiedlich genannt wird, sei auf dieses Plakat hingewiesen, das sich im Hamburger Staatsarchiv (Scholarchat III 1) befindet. Aus ihm ergibt sich eindeutig der 16. Oktober 1721.

Seite 39 *die Bürgerschaft nicht dreinreden konnte:* Der Rat übte die höchste Gerichtsbarkeit aus, verantwortete die Außenpolitik und berief den Konvent der »Erbgesessenen Bürgerschaft«. Dazu gehörten die fünfzehn Oberalten und 165 Bürger. Die Gesetzgebung lag beim Rat; die 180 Mitglieder der bürgerlichen Kollegien durften darüber wachen, beraten und Vorschläge machen. So demokratisch das aussehen mag: In Wirklichkeit machten die zweiunddreißig Mitglieder des Rats das, was sie für richtig hielten; ernsthafter Widerstand kam nicht vor. Demokratisch war die Verfassung nur insofern, als sie dem Bürger in weitem Maße die Mitarbeit in den zahlreichen beigeordneten und beratenden Deputationen einräumte. Über diese 1712 erlassene Hamburger Verfassung schrieb der Hamburger Arzt Johann Jakob Rambach um 1800: »Die Verfassung ist weder ganz aristokratisch, noch ganz demokratisch, noch ganz repräsentativ, sondern alles drei zusammen. Der ehemals so tätige Fraktionsgeist ist durch die Verfassung ganz in seine Grenzen zurückgewiesen, und statt seiner herrscht Ruhe, Sicherheit und Freiheit in einem solchen Grade, wie vielleicht in keinem anderen Staate.«

Seite 40 *Der Rat hatte sich zunächst einmal Zeit gelassen:* Telemanns Forderungen wegen der Miet- und Umzugskosten behandelte die Kämmerei am 24. November 1721, die weiteren Gehaltsforderungen erst am 2. November 1722 (Hamburger Staatsarchiv Kämmerei I Nr. 13 Band 37).

Seite 43 *Ostergelder:* Hörner (siehe Bibliographie) zitiert einen Brief Telemanns aus dem Hamburger Staatsarchiv, der dort nicht mehr auffindbar ist. Die von Hörner genannte Signatur ist falsch, und auch die eingehende Suche des Verfassers in den von Hörner benutzten Akten brachte kein Ergebnis. So muß für diese Honoraraufstellung Hörners Auflistung ungeprüft übernommen werden. Hörner zitiert »45 Mark Opfergelder aus vier Kirchen«. Nach Auskunft des Staatsarchivs kann es sich keinesfalls um »Opfergelder« (also Kollekten), sondern allenfalls um »Ostergelder« handeln, die quartalsweise zu Ostern fällig werdenden Honorare oder Gehälter. Das gibt aber in diesem Zusammenhang keinen Sinn, denn Telemanns Abrechnung führt sowohl das von der Stadt gezahlte Gehalt wie die Jahreseinkünfte, die ihm die Kirchen zahlen, gesondert auf. Was es also mit den »Ostergeldern« auf sich hat, läßt sich nicht klären; der Begriff kommt sonst nicht vor. Die von Hörner weiter zitierten »18 Mark bei Einführung der H. Kirchgeschworenen aus drei Kirchen« ist ebenfalls nicht ganz klar. Zweifellos ist es ein einmaliges Honorar für eine Einsegnungsmusik, aber dafür wurden Telemann z. B. einmal 24 Mark bezahlt. Bei mehreren Einsegnungen (siehe dazu die Telemann-Chronik) stieg diese Summe natürlich erheblich. Mit »Kirchgeschworenen« (Juraten) bezeichnete man in Hamburg die zu jeder Kirche gehörenden Laienmitglieder, die für die Baukasse und die Bauaufsicht zuständig waren.

Seite 43 *Für die Leitung der Oper, die ihm noch im selben Jahr übertragen wurde:* Mattheson erwähnt im Mai-Heft der *Critica Musica* die Neubesetzung der Hamburger Operndirektion im Zusammenhang mit Telemann, der es sich »*angelegen seyn lasse, die geistliche Music so wohl, als Privat-Concerte, aufs neue zu beseelen, und, zu jedermanns sonderbahrer Vergnügung, in rechten Flor zu bringen*«. Auch wenn Telemanns Ernennung zum künstlerischen Leiter der Oper in dieser Äußerung nicht ausdrücklich erwähnt wird, dürfte er mitgemeint sein. Solange nicht andere Dokumente auftauchen, glaube ich daher, daß Telemanns Berufung zum künstlerischen Leiter der Hamburger Oper im April/Mai 1722 erfolgt ist. Übrigens griff Mattheson schon im Juli 1722 Telemann an; es ging um dessen am 13. Juli 1722 uraufgeführte Oper SIEG DER SCHÖNHEIT, deren Libretto auf ein älteres, von Christian Friedrich Weichmann überarbeitetes Werk Christian Heinrich Postels zurückging. Mattheson bemängelte nicht nur Weichmanns Überarbeitung, sondern kritisierte auch Telemanns Neuvertonung: »*Auch ist mit Stillschweigen nicht zu übergehen die sonderbahre Erfindung des Componisten, da er eine gewisse Arie, in welcher das Wort ›entmenschen‹ vorkommt, gänzlich ohne Tact gesetzet hat: andrer Artigkeiten, deren die Menge darinn vorhanden sind, nicht zu gedenken.*«

Seite 44 *eine für die damalige Zeit beträchtliche Einnahme:* Aus dem Erlös der Eintrittskarten und der Textbücher mußte Telemann natürlich selbst die Musiker und die Druckkosten bezahlen. Um zu wissen, was Telemann real verdiente, müßten wir die damalige Kaufkraft des Geldes kennen. Immer wieder hat man versucht, Telemanns Einkünfte genauer zu bestimmen und sie etwa in Relation zu den Einnahmen Bachs zu setzen. Vor allem der Leipziger Musikwissenschaftler Richard Petzoldt hat sich darum bemüht, aber leider nur ärgerliche Verwirrung gestiftet. Sein Hauptfehler ist, daß er die Hamburger Währung nicht kennt und darum immer von »Gulden« redet, die es in Hamburg nicht gab. In der Hansestadt rechnete man entweder nach Reichstalern oder nach Hamburgischen Mark, wobei man zwischen Mark Banco und Mark Courant unterschied. Die Mark Banco war eine Verrechnungseinheit, deren System hier nicht erklärt werden muß, weil Telemann stets in Mark Courant oder in Reichstalern bezahlt wurde. Die Hamburger Mark Courant hatte 16 Schillinge, der Schilling 12 Pfennige. Der Reichstaler hatte 1710 einen Gegenwert von 58 Schillingen. In Frankfurt wurde Telemann in Gulden bezahlt (abgekürzt fl. = Florin). Das Mißverständnis mit dem Hamburger »Gulden« geht vermutlich auf Hans Hörner zurück (siehe Bibliographie), der den Irrtum beging, die in den Hamburger Akten gebräuchliche Abkürzung für Mark Courant als »mfl.« zu lesen, ein natürlich nie existierendes, weil vollkommen unsinniges Kürzel (Mark-Gulden?). Die eingehenden Untersuchungen von Währungen einzelner deutscher Städte durch Moritz John Elsas beziehen leider Hamburg nicht ein. Wollten wir Telemanns Bezüge in Relation zu heute bringen, so müßten wir den Hamburger »Warenkorb« jener Jahre kennen, also: Was zahlte man in Hamburg zwischen 1721 und 1767 durchschnittlich an Miete, was kosteten Brot, Butter, Eier, Fleisch etc. oder die Dienstleistungen? Natürlich haben in diesen sechsundvierzig Jahren auch beträchtliche Preisschwankungen stattgefunden. Und wenn sich nun Petzoldt dahin versteigt, für Bach und Telemann einen »Brötchenpreis von 5 Pfennigen hierzulande« (1969 in der DDR!) zugrunde zu legen, und damit zu dem Ergebnis kommt, Bach habe »vielleicht 1000 heutiger Mark« (DDR-Mark) und Telemann 3000 gehabt, dann wird aus einer sich seriös gebenden Untersuchung eine Posse. Da noch zu Ende des 19. Jahrhunderts die Löhne Hamburger Hafenarbeiter fast täglich schwankten, ist leicht einzusehen, daß alle Mutmaßungen über Telemanns Realeinkommen Spekulation bleiben müssen. Ich habe mich deshalb darauf beschränkt, anhand der Kämmerei-Akten ein paar Vergleichszahlen aus der städtischen Besoldungsliste heranzuziehen. Aber auch diese können natürlich nicht mehr aussagen, als daß Telemann zu den Gutverdienenden in Hamburg gehörte. Wie schwer es ist, seine Einnahmen aus den diversen Festmusiken zu ermitteln, dafür einige Beispiele: Für die Musik zur Hundertjahrfeier des Commerz-Collegiums 1765 bekam Telemann 150 Mark mit dem Zusatz auf der Rechnung *»wie gewöhnlich«*. Diese 150 Mark hatte er auch 1762 für die Musik zur Einweihung von St. Michaelis erhalten. Ebenfalls 150 Mark bekam er für die Trauermusik zum Tode Kaiser Franz' I. 1765, und zwar von jeder der fünf Hauptkirchen 30 Mark. Für die jährliche Kapitänsmusik erhielt er 1765 aber nur 90 Mark. Und nur 24 Mark wurden ihm für die Musik zur Einsegnung von Pastor Höpfner gewährt. Hingegen hatte er 1740 von der Gemeinde St. Katharinen 211 Mark für die Trauermusik auf den Tod Kaiser Karls VI. bekommen. Bei der FRIEDENSMUSIK von 1763 hatte er sich mit 50 Reichstalern (etwa 108 Mark) begnügen müssen. Das entspricht dem Honorar für eine nicht näher bekannte »Jubelmusik«, die er 1764 im dänischen Altona aufführte und die ihm mit 100 Mark vergütet wurde. Zusatz auf der Rechnung: *»Die Belohnung für die Composition erwartet nach Billigkeit G. P. Telemann.«* Die hier angeführten Rechnungen befinden sich im Hamburger Staatsarchiv, Handschriftensammlung 462.

Seite 45 *des Hamburger Bürgermilitärs:* Hamburg unterhielt eine Truppe von etwa zweitausend Söldnern; diese wurde unterstützt von fünf Regimentern Bürgermilitär, die bei Bedarf eingezogen werden konnten, im Kriegsfall, bei Unruhen oder Katastrophen, aber auch als Nachtwache oder bei der Feuerbekämpfung. Jedes der fünf Kirchspiele stellte ein Regiment (etwa tausend Mann), das von einem Ratsherrn im Rang eines Obersten kommandiert wurde. Das Bürgermilitär konnte auf zehntausend Mann verstärkt werden. Die Uniformen zeigten die Stadtfarben Rot und Weiß.

Seite 53 *selbst der Bürgereid wurde in Hamburger Platt geleistet:* Er lautet (in der Fassung von 1603): »Ick lave und schwere tho GOTT dem Allmächtigen, dat ick düssem Rahde und düsser

Stadt will truw und hold wesen, Eer Bestes söken unde Schaden
affwenden, alse ick beste kan und mag, ock nenen Upsaet wedder
düssem Rahde und düsser Stadt maken, mit Worden edder
Wercken, und efft ick wat erfahre, dat wedder düssem Rahde
und düsser Stadt were, dat ick dat getrüwlick will vormelden. Ick
will ok myn Jährlickes Schott, imglicken Törkenstüer, Tholage,
Tollen, Accise, Matten, und wat sünsten twischen Einem Ehrb.
Rahde und der Erbgesetenen Börgerschop belevet und bewilliget
werd, getrüw- und unwiegerlick by myner Wetenschop entrichten und bethalen. Alse my GOTT helpe und syn Hilliges Wort.«
In dieser niederdeutschen Fassung blieb der Bürgereid bis 1844;
dann wurde er auf hochdeutsch abgelegt. Abgeschafft wurde der
Bürgereid 1918.

Seite 68 *für ein allegorisches Bildnis des frühbegabten Kindes
Telemann gehalten:* So in Karl Grebes Telemann-Monographie
(S. 11), wo der im vorliegenden Buch auf S. 69 wiedergegebene
Kupferstich die Bezeichnung trägt: »Telemann, das Kind, Allegorie.« Das Bild zeigt aber, wie das rechts im Bildvordergrund liegende Buch deutlich ausweist, Christian Henrich Heineken. Der
Forschung ist das Interesse Telemanns an dem Kind, sein Besuch
bei ihm und die Existenz der drei kleinen Nekrolog-Gedichte
bisher unbekannt gewesen; darum ist die Geschichte hier ein wenig breiter erzählt worden. Die Beschäftigung mit dem Wunderkind Heineken bezeugt das vielseitige, für alles aufgeschlossene
Interesse Telemanns.

Seite 77 *Wandsbeck:* Die heutige Schreibweise »Wandsbek«
wurde erst in diesem Jahrhundert verbindlich (wie auch Barmbek, Flottbek, Schiffbek), kommt aber gelegentlich schon früher
vor. Zu Telemanns und später Claudius' Zeiten wurde stets
»Wandsbeck« geschrieben.

Seite 78 *nach dem Tod seiner zweiten Frau:* Daß Telemanns Frau
1736 mit einem schwedischen Offizier »durchgebrannt« sei,
kann man überall lesen. Diese Behauptung stützt sich auf Lessings Mitteilung in den COLLECTANEA, wo der Hamburger

»Opernkrieg« erwähnt wird und die Satire DIE BASS-GEIGE: »...*wegen seiner Frau, die ihm nicht Farbe hielt, sondern einen Schwedischen Offizier liebte*«. Dazu nahm man Telemanns Satz: »*Die Frau ist von mir weg*«, und fertig war die Hypothese. Offenbar aber hat niemand auf das Datum geachtet. Die BASS-GEIGE, die auf Frau Telemanns schwedische Verbindung anspielt, erschien 1724. Lessings Formulierung »*die ihm nicht Farbe hielt*« bedeutet, daß die Frau untreu war, nicht, daß sie »durchbrannte«. Daß das Verhältnis mit dem Offizier zwölf Jahre lang gedauert haben soll und in der Flucht gipfelte, ist schon bei Frau Telemanns nicht mehr ganz jugendlichem Alter unwahrscheinlich. Entscheidender aber ist dies: Die im Hamburger Staatsarchiv verwahrten »Genealogischen Sammlungen« über Hamburger Familien verzeichnen für 1736 den Tod von Frau Telemann (ohne Datum); auch Hans Schröders LEXIKON DER HAMBURGISCHEN SCHRIFTSTELLER BIS ZUR GEGENWART (Hamburg 1875–1879) vermerkt über Telemanns zweite Frau: »... welche 1736 starb« (Bd. 7, S. 368/369). Telemanns Brief an Hollander war damals noch nicht bekannt, konnte also das Datum nicht beeinflußt haben. Den letzten Beweis könnten nur die Kirchenbücher von St. Johannis geben, zu deren Gemeinde die Telemanns gehörten; aber die existieren für das Jahr 1736 nicht, auch nicht die Aufzeichnungen des Marstallkutschers, der die Leichenüberführungen vornahm. Daß Telemann den Tod seiner zweiten Frau nicht in seiner Autobiographie von 1739 erwähnt, halte ich angesichts der schlechten, Telemann belastenden Ehe nicht für einen Gegenbeweis. Sicher ist die Formulierung »*Die Frau ist von mir weg*« nicht sehr pietätvoll. Aber will man das Telemann verdenken? Außerdem formulierte die damalige Zeit gelegentlich etwas gröber als die heutige. Noch das 19. Jahrhundert durfte von einem Verstorbenen sagen, er sei »hin«, was heute als schwere Taktlosigkeit gälte.

Seite 96 *Selbst Freund Händel:* Telemann lernte den »*damals schon wichtigen Hrn. Georg Friedr. Händel*« 1701 in Halle kennen, auf der Reise nach Leipzig; so seine Autobiographie von 1739. Daß Händel damals schon »*wichtig*« gewesen wäre, ist eine

Übertreibung, denn er war 1701 gerade sechzehn Jahre alt. Telemann und Händel sind sich 1719 in Dresden wiederbegegnet und haben miteinander korrespondiert. Leider sind aus diesem Briefwechsel nur jene zwei Briefe Händels erhalten, aus denen hier zitiert wird.

Seite 98 *die in Hamburg so überaus beliebten Frühlingskantaten Telemanns:* Die beiden Kantaten VERGNÜGUNG DES GEHÖRS IM FRÜHLING (*»Alles redet jetzt und singet«*) und DIE BETRACHTUNG DES WASSERS IM FRÜHLING wurden in Hamburg von 1720 bis 1722 achtmal aufgeführt. Komponiert wurden sie in Frankfurt am Main. In Hamburg ergänzte sie Telemann dann um die entsprechenden Herbst- und Winterkantaten von Barthold Hinrich Brockes, deren Musik nicht erhalten geblieben ist.

Seite 110 *ein leichtes Nun ruhen alle etc.:* Gemeint ist Paul Gerhardts Choral NUN RUHEN ALLE WÄLDER.

Seite 112 *Die Hamburger Pastoren waren außer sich vor Empörung:* Zu der lebhaften Auseinandersetzung über Görners Kantate DAS VERGNÜGEN finden sich hübsche Details in den Akten des Hamburger Staatsarchivs (Cl VII Lit. H^b Nr. 4 Vol. 9d sowie Geistl. Minist. III A 1 t).

Seite 122 *Die Hamburger Premiere von Grauns Passions-Oratorium:* Werner Menke (siehe Bibliographie) schreibt: »Die Komposition über den Ramlerschen Text wurde erstmalig am 29. März 1757 unter Telemanns Leitung im Drillhause aufgeführt.« Dafür gibt es aber keinen Beweis. Aus dem Brief Grauns an Telemann vom 15. Mai 1756 geht vielmehr hervor, daß Telemanns DER TOD JESU in Berlin *»mit großer Approbation auffgeführet worden«*. Und am 8. Februar 1757 bittet Johann Adolph Scheibe Telemann um ein Exemplar von Ramlers Poesie (*»die Sie, wie auch Herr Graun in die Musik gesetzt haben«*). Das Werk lag also längst vor dem 29. März 1757 vor und war bekannt. Die Meldung, auf die Menke sich bezieht, steht auf S. 41 seines eigenen Buches: *»Die bekannten Oratorien über den Tod Jesu [...]*

werden am nächstkommenden Mittewochen, als den 29ten März, im Drillhause zu hören seyn.« Die Formulierung *»die bekannten«* beweist, daß das Passions-Oratorium DER TOD JESU bereits in Hamburg aufgeführt worden war, sowohl in der Graunschen wie in der Telemannschen Vertonung, wobei nicht sicher ist, ob diese beiden Kompositionen gemeinsam am 29. März 1757 gespielt worden sind. Ausgeschlossen ist indessen, daß Telemanns Vertonung zuerst in Berlin und erst später in Hamburg erklang. Die Berliner Wiederholung fand vor dem 15. Mai 1756 statt; dann dürfte die Hamburger Uraufführung im März 1756, wenn nicht sogar schon 1755 stattgefunden haben. Wenn nun Telemann Grauns Komposition am 29. März 1756 erstmals in Hamburg aufführte, was durch eine Pressemeldung verbürgt ist, so scheint es durchaus wahrscheinlich, daß beide Komponisten den Text fast gleichzeitig in Musik setzen.

Seite 134 *wenn dessen Kräfte einmal nachließen:* Hans Hörner verweist darauf, unter welch sichtbaren Mühen Telemann die Partitur einer Matthäus-Passion 1762 zu Ende gebracht hat. (»Alles deutet darauf hin, daß T. in dieser Zeit sehr krank war.«) Hörner: »Geradezu ergreifend ist es, wenn man sieht, wie der greise Meister (er stand in seinem 82. Lebensjahr) immer wieder die Feder ansetzt, aber nicht die Kraft hat, weiterzuschreiben; so z. B. Bl. 32 (I), wo er mit ganz zitteriger Hand den Sopran zum Choral: ›Ich, ich und meine Sünden...‹ zu schreiben beginnt, aber gleich wieder die Feder weglegt, so daß eine andere Hand den Choral vollenden muß.« Für die Lukas-Passion von 1764 notiert Hörner: »Greisenhafte, stellenweise unleserliche Schrift.« Auch hier wie in der Passion von 1756 hat eine andere Hand weite Partien ausgeführt.

Seite 141 *während sich Bürgermeister und Ratsherren selbstverständlich kräftige Gehaltszulagen verordneten:* Gegenüber 1722 bekamen die Ratsherren 1767 schon 300 Mark mehr; das Gehalt des Ersten Bürgermeisters war sogar um 2006 Mark gestiegen und das des Zweiten, Dritten und Vierten Bürgermeisters jeweils um 1005 Mark. Die quartalsweise Zahlung erfolgte jetzt in den

Monaten März, Juni, September und Dezember. (Siehe dazu die Rechnungsbücher der Hamburger Kämmerei im Hamburger Staatsarchiv, I Nr. 22 Band 207 ff.)

Seite 141 *machte er sein Testament:* Siehe hierzu die Akte Senat Cl VIII Nr. XXXV Vol. 7 im Hamburger Staatsarchiv. Das Testament wurde am 20. November 1767 eröffnet.

Seite 144 *galt der Markus-Passion:* Diese Passion, für die Fastenzeit 1767 bestimmt, hat Telemann schon nicht mehr selbst vollenden können; er mußte die Arbeit seinem Enkel Georg Michael überlassen. Danach war er in den letzten vier Monaten seines Lebens wohl schon überaus hinfällig.

Seite 144 *Der Kutscher des Hamburger Marstalls:* Siehe hierzu das Rechnungsbuch des Marstallkutschers vom 29. Juni 1767 im Hamburger Staatsarchiv (Cl VII Lit. Cc Nr. 7 Vol. 22 Fasc. 1 Bd. 2).

Seite 156 *stellte Goethe keine zwanzig Jahre nach Telemanns Tod fest:* Goethe bat in einem Brief an Daniel Runge vom 17. Dezember 1811 um »ein Blättchen« von Telemann für seine Autographensammlung, »vielleicht von letzterem einige selbstgeschriebene Noten?«. Goethe bekam »das Blättchen« mit einem Chorsatz Telemanns: *»Du, dessen Augen flossen, sobald sie Zion sahen«*. Es handelt sich um den Eingangschor des Passions-Oratoriums DER TOD JESU (1757).

Seite 157 *solange sie für Kompositionen Bachs galten:* Theodor W. Adorno schreibt in seiner KRITIK DES MUSIKANTEN (in DISSONANZEN, Göttingen 1956): »Spitta und Riemann hatten noch ein Organ für die unermeßliche qualitative Differenz zwischen Bach und Zeitgenossen wie Telemann [...].« Wie sensibel dieses Organ war, kann der Leser auf Seite 117 des vorliegenden Buches erfahren, wo jene Werke Telemanns genannt sind, die Spitta für Werke Bachs hielt. Und nicht nur Spitta. In seiner Bach-Biographie (Leipzig 1908) urteilt Albert Schweitzer über Telemann:

»[...] obwohl er an Talent hinter Keiser und Mattheson zurückstand« und meint von Bach: »Es erscheint uns unbegreiflich, daß er es über sich gewann, ganze Kantaten von Telemann abzuschreiben.« Aber über den Eingangschor der Adventskantate DAS IST JE GEWISSLICH WAHR (BWV 141) urteilt Schweitzer: »Er wirkt ausgezeichnet.« Und über den Eingangschor der Osterkantate SO DU MIT DEINEM MUNDE (BWV 145) befindet der Bach-Biograph: »Der erste Chor [...] gehört zu Bachs interessantesten Textdeklamationen.« Pech für Schweitzer: Beide Chöre sind Kompositionen Telemanns. Und bei der Kantate ICH WEISS, DASS MEIN ERLÖSER LEBT (BWV 160) wundert sich Schweitzer nur über die sparsame Instrumentalbesetzung, äußert aber keine Qualitätszweifel, wiewohl auch diese Kantate ein Werk Telemanns ist. Soviel über die »unermeßliche qualitative Differenz«.

Seite 167 *Das Telemann-Denkmal im Park des Etatsrats Carl Friedrich Richardi in Horn:* Hirschfelds GARTENKALENDER AUF DAS JAHR 1783 gibt folgende Beschreibung: »Telemanns Denkmaal oder die Ehre der Tonkunst. Eine Begräbnishöhle, ganz im alten römischen Geschmack. Sie ist in einer natürlichen Anhöhe, die sich fast einem mässigen Berge nähert, angebracht. Die Gegend umher stellt eine angenehme Wildnis von kleinen Höhen und Niedrigungen vor, bepflanzt mit verschiedenen Arten von einheimischen und ausländischen, wilden und fruchttragenden Bäumen und Sträuchern, die hie und da von alten hohen Eichen und Kastanienbäumen überschattet werden; kühle Spatziergänge winden sich in diesem Bezirk umher. Die Anhöhe über der Begräbnishöhle selbst ist mit hohen Bäumen und dichtem Gesträuch überwachsen. Die Nachtigallen besuchen gern diese einsame Gegend, und phantasiren hier in gebrochenen Melodien voll süsser Schwermuth. Die Scene ward daher der Music bestimmt. Der Besitzer wünschte, sie dem grossen Tonkünstler, dem noch lebenden Hrn. Kapelmeister Bach, zu widmen, so wie er einem lebenden Architecten ein Monument geweihet hat. Allein, sie seinem berühmten Vorgänger, dem verstorbenen Telemann, zu geben, schien hier die besondere Schicklichkeit des

Orts zu einem Trauermonument zu verlangen. Man erblickt in dieser Höhle, nach Art der alten Katacomben, ein im antiken Geschmack verfertigtes Sarcophag mit einer darauf stehenden Urne. Es ist auf der Seite mit zwey übereinander gelegten und ausgelöschten Fackeln, mit der Flöte des Pan, und einem überhängenden Todtentuch verziert, dessen sich die Alten zur Aufsammlung der Asche und Knochen der verbrannten Leichen, bedienten, mit der Überschrift: Discite mori! An dem Fußgestell des Sarcophag findet man die Inschrift:

> *D.   M.*
> *benemerenti*
> *Telemanno*

In der Mauer gegenüber steht in einer kleinen Nische ein Aschenkrug (Cinerarium oder Ossuarium der Alten) wie man in den Grabmälern der Römer häufig entdeckt. Des Abends wird die Höhle aus einem verborgenen Winkel schwach erleuchtet, welches eine sanftmelancholische Würkung macht.«

Telemann-Chronik 1721–1767

Die folgende Chronik der Jahre 1721 bis 1767 ist ein erster Versuch, Daten zu Telemanns Hamburger Zeit zu sammeln. Vollständigkeit wurde weder angestrebt, noch wäre sie zu verwirklichen gewesen. Als Quellen dienten im Hamburger Staatsarchiv vorhandene Textdrucke und Dokumente, die von Hans Große und Hans Rudolf Jung gesammelten Briefe von und an Telemann und die in der Bibliographie aufgezählten wissenschaftlichen Untersuchungen. Die Daten für die Aufführungen der Kapitänsmusiken sind der freundlichen Unterstützung von Dr. Willi Maertens zu verdanken.

Die am Ende eines Jahres genannten Werke oder Ereignisse ließen sich nur für das jeweilige Jahr, nicht aber mit genauem Datum ermitteln.

1721

28. Januar	Uraufführung von Telemanns Oper DER GEDULDIGE SOKRATES in Hamburg, vermutlich in Anwesenheit Telemanns
5. Februar	Wiederholung von DER GEDULDIGE SOKRATES
6. Februar	Wiederholung von DER GEDULDIGE SOKRATES
10. Februar	Wiederholung von DER GEDULDIGE SOKRATES
13. Februar	Wiederholung von DER GEDULDIGE SOKRATES
19. Februar	Wiederholung von DER GEDULDIGE SOKRATES

24. Februar	Wiederholung von DER GEDULDIGE SOKRATES für die Mitglieder des Rats
28. Februar	Wiederholung von DER GEDULDIGE SOKRATES
10. April	Tod des Kantors Joachim Gerstenbüttel
12. Juni	Wiederholung von DER GEDULDIGE SOKRATES
1. Juli	Geburt des Sohnes August Bernhard in Frankfurt am Main.
7. Juli	Uraufführung der Oper ULYSSES von Giuseppe Maria Orlandini mit deutschen Arien und Rezitativen von Telemann in Hamburg
10. Juli	Der Rat der Stadt Hamburg wählt Telemann als Nachfolger Gerstenbüttels zum städtischen Musikdirektor und Kantor am Johanneum
12. Juli	Brief des Hamburger Rats an den Magistrat Frankfurts mit der Bitte um Entlassung Telemanns
21. Juli	Telemann bittet die Stadt Frankfurt um Entlassung
17. September	Erste Kirchenmusik Telemanns in Hamburg, vormittags in St. Katharinen
1. Oktober	Telemann besucht Johann Mattheson
6. Oktober	Mattheson erwidert Telemanns Besuch
16. Oktober	Amtseinführung Telemanns »*mit ordentlichen Solemnitaeten*« im Johanneum um 10 Uhr vormittags; Telemann hält eine Rede in lateinischer Sprache »De excellentia Musicae in Ecclesia«, die mit »*großem applausu*« aufgenommen wird
17. Oktober	Uraufführung der Serenata DER SIEG DES HERBSTES zum Geburtstag des Herzogs Johann Wilhelm von Sachsen-Eisenach in Eisenach
22. Oktober	Aufführung einer Kantate zum Friedensschluß zwischen Rußland und Schweden
2. November	Wiederholung der Friedenskantate
15. November	Beginn der Winterkonzerte des von Telemann gegründeten Collegium musicum in Telemanns Wohnung

26. November	Brief Telemanns an den Herzog Ernst August von Sachsen-Weimar mit zwei Kompositionen für das Hamburger Collegium musicum
25. Dezember	Aufführung der Kantate UND ES WAREN HIRTEN in St. Nikolai
26. Dezember	Aufführung der Kantate UNS IST EIN KIND GEBOREN in St. Petri
27. Dezember	Aufführung der Kantate UND DA DIE ENGEL in St. Michaelis

1722

1. Januar	Aufführung der Kantate HELFT MIR GOTTES GÜTE PREISEN in St. Katharinen
6. Januar	Aufführung der Kantate WÜNSCHET JERUSALEM GLÜCK in St. Nikolai und St. Jacobi
3. Februar	In einem Brief an den Rat erhebt Telemann Einspruch gegen das vom Ratsdrucker Neumann beanspruchte Recht, allein Telemanns Texte drucken zu dürfen
2. März	Tod des Sohnes Friedrich Carl (geboren 8. Juli 1720)
3. April	Konzert im Drillhaus mit Werken Telemanns
5. Mai	Aufführung einer von Telemann komponierten Festmusik zum Examensabschluß im Johanneum
13. Juli	Uraufführung der Oper SIEG DER SCHÖNHEIT
17. Juli	Beschwerde der Oberalten an den Rat, Telemann lasse »in einem öffentlichen Wirtshause« Musik aufführen, die »zur Wollust anreitze«, was »noch heute verbothen werden« sollte
18. Juli	Aufführung der beiden in Frankfurt komponierten Frühlingskantaten (auf Texte von Barthold Hinrich Brockes) im Hof von Holland um 16 Uhr

22. August	Aufführung einer Tafelmusik Telemanns am Hof in Eisenach
3. September	In einem Brief an den Rat bittet Telemann um seine Entlassung, um das Leipziger Angebot (Thomaskantorat) annehmen zu können
25. September	Reise Telemanns nach Leipzig
4. November	Wiederholung von SIEG DER SCHÖNHEIT
16. November	Wiederholung von DER GEDULDIGE SOKRATES
18. November	Wiederholung von SIEG DER SCHÖNHEIT
7. Dezember	Aufführung einer Kantate (Text von Telemann) »*zur Eröffnung des unter Telemannscher Direction wöchentlich gehaltenen Winter-Collegii Musici*«
25. Dezember	Aufführung der Kantate GELOBET SEI DER HERR in St. Petri
26. Dezember	Aufführung der Kantate DAZU IST ERSCHIENEN DER SOHN GOTTES in St. Petri
27. Dezember	Aufführung der Kantate DAVON IST ERSCHIENEN DIE LIEBE GOTTES in St. Michaelis

Matthäus-Passion

1723

1. Januar	Aufführung der Kantate SO LEGET NUN VON EUCH AB in St. Katharinen
6. Januar	Aufführung der Kantate STERN AUS JACOB in St. Jacobi
12. Januar	Aufführung einer Kantate (Text von Telemann) »*bei abermaliger Eröffnung des unter Telemannscher Direction wöchentlich gehaltenen Winter-Collegii Musici*«
25. Januar	Wiederholung von SIEG DER SCHÖNHEIT
4. Februar	Uraufführung der Trauermusik ACH, WIE NICHTIG zur Beisetzung des Bürgermeisters Gerhard Schröder in St. Nikolai
9. Februar	Wiederholung von SIEG DER SCHÖNHEIT

4. März	Wiederholung der Trauermusik zur Beisetzung des Bürgermeisters Schröder im Drillhaus
8. März	Wiederholung eines Passions-Oratoriums (Brockes-Passion? SELIGES ERWÄGEN?) im Drillhaus um 17 Uhr
11. März	Wiederholung der Brockes-Passion im Drillhaus
13. März	Geburt des Sohnes Johann Barthold Joachim
15. März	Wiederholung der Brockes-Passion im Drillhaus
6. April	Uraufführung der Festmusik UNSCHÄTZBARER VORWURF ERKENNTLICHER SINNEN zur Zentenarfeier der Hamburger Admiralität im Baumhaus
19. April	Wiederholung von SIEG DER SCHÖNHEIT
20. April	Wiederholung der Admiralitätsmusik im Drillhaus
23. April	Wiederholung der Admiralitätsmusik
27. April	Wiederholung der Admiralitätsmusik
1. Mai	Wiederholung der Admiralitätsmusik im Drillhaus um 17 Uhr
7. Mai	Wiederholung von SIEG DER SCHÖNHEIT
8. Mai	Wiederholung der Admiralitätsmusik
2. Juni	Wiederholung von SIEG DER SCHÖNHEIT
16. Juni	Wiederholung von SIEG DER SCHÖNHEIT
7. Juli	Wiederholung von SIEG DER SCHÖNHEIT
8. Juli	Aufführung der Oper ARIADNE
15. Juli	Wiederholung von SIEG DER SCHÖNHEIT
16. Juli	Die Zeitung meldet Telemanns Ernennung zum Kapellmeister des Markgrafen von Bayreuth
19. Juli	Uraufführung der Oper DAS ENDE DER BABYLONISCHEN MONARCHIE ODER BELSAZAR
26. Juli	Wiederholung von BELSAZAR
29. Juli	Wiederholung von BELSAZAR
31. Juli	In einem Brief an Uffenbach rühmt Telemann das Musikleben Hamburgs, *»nicht weniger die Opera, welche itzo im höchsten Flor ist«*

4. August	Telemann dankt dem Markgrafen von Bayreuth für die Ernennung zum Kapellmeister und stellt neue Kompositionen in Aussicht, nachdem er bereits eine Oper ALARICH geliefert hat
26. August	Uraufführung einer (nicht erhaltenen) Musik – Oratorium und Serenata – zum Festmahl der Hamburger Bürgerkapitäne
3. September	Uraufführung der Serenata UNSRE FREUDE WOHNT IN DIR zum Geburtstag der Herzogin Magdalene Sibylle von Sachsen-Eisenach in Wilhelmsthal
6. September	Wiederholung von BELSAZAR
11. September	Wiederholung der Kapitänsmusik im Drillhaus
20. September	Wiederholung von BELSAZAR
25. September	Wiederholung der Kapitänsmusik im Drillhaus um 15 Uhr
30. September	Uraufführung des zweiten Teils von BELSAZAR
2. Oktober	Wiederholung der Kapitänsmusik im Drillhaus um 15 Uhr
17..Oktober	Uraufführung der Kantate WILLKOMMEN, ANGENEHME STUNDEN zum Geburtstag des Herzogs Johann Wilhelm von Sachsen-Eisenach in Eisenach
19. Oktober	Wiederholung des zweiten Teils von BELSAZAR für die Mitglieder des Rats
21. Oktober	Wiederholung von SIEG DER SCHÖNHEIT
30. Oktober	Wiederholung der Admiralitätsmusik im Drillhaus um 16 Uhr
6. November	Wiederholung der 1716 in Frankfurt komponierten Serenata zur Geburt des Erzherzogs Leopold im Drillhaus um 16 Uhr; Ankündigung, die Konzerte des Collegium musicum würden künftig wöchentlich in Telemanns Wohnung stattfinden
4. Dezember	Ankündigung eines neuen Kantaten-Jahrgangs Telemanns; Konzert des Collegium musicum in Telemanns Wohnung

6. Dezember	Konzert des Collegium musicum in Telemanns Wohnung
9. Dezember	Konzert des Collegium musicum in Telemanns Wohnung
13. Dezember	Konzert des Collegium musicum in Telemanns Wohnung
14. Dezember	Aufführung der Kantate EIN JEGLICHER, WIE IHN DER HERR BERUFEN HAT zur Einsegnung von Hartwig Bambamius als Diakon an St. Petri
16. Dezember	Konzert des Collegium musicum in Telemanns Wohnung
20. Dezember	Konzert des Collegium musicum in Telemanns Wohnung
25. Dezember	Aufführung der Kantate LOBT GOTT, IHR CHRISTEN ALLZUGLEICH in St. Petri
26. Dezember	Aufführung der Kantate WIE TEUER IST DEINE GÜTE in St. Nikolai
27. Dezember	Aufführung der Kantate EIN KINDELEIN SO LÖBELICH in St. Michaelis
	Oper ALARICH ODER DIE STRAF-RUTE DES VERFALLENEN ROMS (für Bayreuth) Markus-Passion

1724

1. Januar	Aufführung der Kantate DANKET DEM HERRN in St. Katharinen
5. Januar	Aufführung der Kantate WIE SCHÖN LEUCHT UNS DER MORGENSTERN in St. Nikolai
6. Januar	Wiederholung der Kantate WIE SCHÖN LEUCHT UNS DER MORGENSTERN in St. Jacobi
8. Januar	Wiedereröffnung der Konzerte des Collegium musicum in Telemanns Wohnung
7. Februar	Wiederholung des zweiten Teils von BELSAZAR
14. Februar	Wiederholung des zweiten Teils von BELSAZAR

21. Februar	Aufführung der Serenata HAMBURG STEHT UND BLÜHT IM SEGEN zum Petri-Mahl des Rats
24. Februar	Wiederholung der Serenata zum Matthiä-Mahl des Rats
23. März	Aufführung der in Frankfurt komponierten Oratorien DAVIDS SIEG WIDER GOLIATH und DAVIDS VERMÄHLUNG UND FLUCHT im Drillhaus
27. März	Aufführung der in Frankfurt komponierten Oratorien DAVIDS VERFOLGUNG UND GROSSMUT; SAULS FALL UND SELBSTMORD und DAVIDS ERHÖHUNG ZUM THRONE im Drillhaus
18. April	Aufführung der Kantate IHR ZAUBERNDE TÖNE! zur Hochzeit Coldorf/Tönnies
19. April	Wiederholung von SIEG DER SCHÖNHEIT
24. April	Uraufführung der Oper OMPHALE
25. April	Aufführung der Kantate DER HERR IST MEIN HIRTE zur Einsegnung von Nicolaus Busch in St. Petri als Pastor am Werk- und Zuchthaus.
26. April	Wiederholung von OMPHALE
27. April	Wiederholung von OMPHALE
4. Mai	Wiederholung von OMPHALE für die Mitglieder des Rats
19. Mai	Aufführung der Kantate GLEICH WIE DER REGEN UND SCHNEE zur Einsegnung von Frans Henrich Schönemann in St. Michaelis als Pastor in Eppendorf
24. Mai	Wiederholung von OMPHALE
2. Juni	Wiederholung von OMPHALE
25. Juli	Wiederholung des zweiten Teils von BELSAZAR
27. Juli	Wiederholung von OMPHALE
21. August	Aufführung der Geburtstagskantate HERR, HERR, LASS MEINEN MUND DEINES RUHMS für das Ehepaar Peter Theodor und Katherina Juliana Seelmann
30. August	Uraufführung der Oper DER NEU-MODISCHE

	Liebhaber Damon oder Die Satyrn in Arcadien
31. August	Uraufführung des Oratoriums Freuet euch des Herrn, ihr Gerechten und der Serenata Geliebter Aufenthalt, beglückte Stille zum Festmahl der Bürgerkapitäne
4. September	Wiederholung von Damon
12. September	Geburt des Sohnes Benedict Eberhard Wilhelm
23. September	Wiederholung der Kapitänsmusik im Drillhaus um 16 Uhr
30. September	Wiederholung der Kapitänsmusik im Drillhaus um 16 Uhr
4. Oktober	In einem Brief an Uffenbach dankt Telemann für übersandte Dichtungen und Kupferstiche; ferner erwähnt er Matthesons »stachelichte Feder« sowie Schwierigkeiten mit dem aus Dresden gekommenen J. P. Kuntzen an der Oper
7. Oktober	Wiederholung der Admiralitätsmusik im Drillhaus um 16 Uhr
10. Oktober	Aufführung der Kantate Selig sind, die Gottes Wort zur Einsegnung von Erich Matthias Schmidt als Diakon an St. Michaelis
14. Oktober	Wiederholung der Serenata zum Petri-Mahl des Rats im Drillhaus um 16 Uhr
21. Oktober	Wiederholung der Serenata zum Petri-Mahl des Rats im Drillhaus
28. Oktober	Wiederholung der Admiralitätsmusik im Drillhaus
30. Oktober	In einem Brief an Uffenbach geht Telemann kurz auf den Ärger mit dem sogenannten Hamburger Opernkrieg ein und schickt Vertonungen von Texten Richeys
10. November	Uraufführung der Kantate Wir ehren dich mit Mund und Herzen zum Geburtstag des Erbprinzen Wilhelm Heinrich von Sachsen-Eisenach in Eisenach
29. November	Aufführung der Kantate Seid stark in dem

	HERRN zur Einsegnung von Bernhard Raupach als Diakon an St. Nikolai
25. Dezember	Aufführung der Kantate UNS IST EIN KIND GEBOREN in St. Petri
26. Dezember	Aufführung der Kantate UNS IST EIN KIND GEBOREN (nicht identisch mit der Kantate vom 25. Dezember) in St. Nikolai
27. Dezember	Aufführung der Kantate IN DULCI JUBILO in St. Michaelis
	Musik zum dritten Akt (IL CAPITANO) der Oper DER BESCHLUSS DES CARNEVALS (erster Akt Musik von Campra, zweiter Akt gesprochen)
	Lukas-Passion

1725

1. Januar	Aufführung der Kantate REDET UNTEREINANDER MIT PSALMEN in St. Katharinen
6. Januar	Aufführung der Kantate LOBE DEN HERRN, MEINE SEELE in St. Jacobi
23. Januar	Telemann besucht, gemeinsam mit dem Lübekker Rektor Johann Henrich von Seelen und dessen Ehefrau, in Lübeck das Wunderkind Christian Henrich Heineken
17. Februar	Uraufführung der Serenata CIMBRIENS ALLGEMEINES FROLOCKEN zur Hochzeit des Herzogs Carl Friedrich von Holstein-Gottorp mit Anna Petrowna, Tochter Peters des Großen, im Drillhaus um 17 Uhr
12. März	Telemann bittet Uffenbach um Kantaten-Texte
28. März	Aufführung einer Passionsmusik im Drillhaus um 17 Uhr
12. Mai	Telemann bittet den Herzog Johann Wilhelm von Sachsen-Eisenach um die Ernennung zum Hamburger Korrespondenten

28. Mai	Der Hof in Eisenach bewilligt Telemanns Gesuch bei einem Jahresgehalt von 100 Reichstalern
4. Juni	Anläßlich des Besuchs des Herzogspaars von Braunschweig-Lüneburg und der Herzogin von Holstein-Plön gibt der Rat der Stadt Hamburg ein Essen auf der Uhlenhorst, »*wohin man unter Musikbegleitung in rot überzogenen Schaluppen fuhr*«; Telemann komponiert dazu die Serenata AUF ZUR FREUDE, ZUM SCHERZEN
9. Juni	Telemann entschuldigt sich beim Hof in Eisenach, mit der Lieferung von Kompositionen im Rückstand zu sein
20. Juni	Telemann berichtet dem Hof in Eisenach, auf welchen Quellen seine Nachrichten beruhen
23. Juni	Der Hof in Eisenach bemängelt die ihm von Telemann am 9. Juni zugesandten Nachrichten als zu alt oder als schon »*in den gedruckten Zeitungen gestanden*«
4. Juli	Wiederholung von OMPHALE
6. Juli	Wiederholung von SIEG DER SCHÖNHEIT
7. Juli	Telemann weist in einem Brief an den Hof in Eisenach darauf hin, daß die ihm entstehenden Unkosten mehr als die Hälfte seines Korrespondentengehalts ausmachten
28. Juli	Telemann macht in einem Brief an den Hof in Eisenach erneut auf die beträchtlichen Kosten aufmerksam, die ihm durch seine Korrespondententätigkeit entstünden und die mit dem Gehalt nicht mehr abzudecken seien
7. August	Der Hof in Eisenach teilt Telemann mit, da seine Nachrichten durchweg veraltet seien, müsse man künftig auf seine Korrespondententätigkeit verzichten
15. August	Telemann bittet den Hof in Eisenach um Aufschub für seine Antwort, da er krank sei
18. August	Telemann bittet den Hof in Eisenach um nähere

	Angaben, was er als Korrespondent falsch gemacht habe
30. August	Uraufführung einer (nicht erhaltenen) Musik zum Festmahl der Bürgerkapitäne
3. September	Uraufführung der Serenata KOMMT MIT MIR, IHR SÜSSEN FREUDEN zum Geburtstag der Herzogin Magdalene Sibylle von Sachsen-Eisenach in Wilhelmsthal
10. September	Der Hof in Eisenach antwortet Telemann, er solle sich künftig auf Nachrichten aus Dänemark, Schweden und Rußland beschränken
19. September	Telemann versichert den Hof in Eisenach erneut seiner besten Vorsätze
17. Oktober	Telemann veröffentlicht in der *Staats- und Gelehrten Zeitung des Hollsteinischen Correspondenten* ein Gedicht auf die Promotion des Rektors des Lübecker Catharineums, Johann Henrich von Seelen; am selben Tag bittet er den Hof in Eisenach um die rückständige Quartalszahlung
26. Oktober	Ankündigung des Erscheinens eines neuen Kantaten-Jahrgangs (HARMONISCHER GOTTESDIENST)
31. Oktober	Der Hof in Eisenach teilt Telemann mit, die Zahlung würde halbjährlich vorgenommen und könne nicht vor dem 10. März 1726 fällig werden; Telemann bittet Uffenbach, den HARMONISCHEN GOTTESDIENST zu subskribieren
6. November	Wiederholung der Serenata zur Geburt des Erzherzogs Leopold (1716) im Drillhaus um 16 Uhr
7. November	Telemann bittet den Hof in Eisenach um Zahlung der fälligen 25 Reichstaler für seine Tätigkeit als Hofkapellmeister
10. November	Wiederholung der Admiralitätsmusik und der Kapitänsmusik im Drillhaus um 16 Uhr
16. November	Uraufführung der Kantate WIR EHREN DICH

	MIT MUND UND HERZEN zum Geburtstag des Markgrafen Georg Wilhelm von Brandenburg-Bayreuth in Eisenach
1. Dezember	Wiederholung der Admiralitätsmusik und der Kapitänsmusik im Drillhaus um 16 Uhr
8. Dezember	Wiederholung der Admiralitätsmusik und der Kapitänsmusik im Drillhaus um 16 Uhr
19. Dezember	Vorwort zum HARMONISCHEN GOTTESDIENST
20. Dezember	Aufführung der Oratorien SAULS FALL UND SELBSTMORD und DER UNGLÜCKLICHE ÜBERWINDER JEPHTA im Drillhaus um 16 Uhr
25. Dezember	Aufführung der Kantate ACH, DASS DU DEN HIMMEL ZERRISSEST in St. Petri
26. Dezember	Aufführung der Kantate SIEHE, DER HÜTER in St. Nikolai
27. Dezember	Aufführung der Kantate O SELTNES MEISTERSTÜCK DER LIEBE in St. Michaelis
	Oper DER GELIEBTE EIGENSINNIGE
	Oper ADELHEID ODER DIE UNGEZWUNGENE LIEBE in Bayreuth uraufgeführt
	Oper SIEG DER SCHÖNHEIT wird unter dem Titel DER GROSSE KÖNIG DER AFRIKANISCHEN WENDEN GENSERICUS ALS ROM UND CARTHAGENS ÜBERWINDER in Braunschweig aufgeführt
	Opern-Intermezzo DIE UNGLEICHE HEIRAT ODER DAS HERRSCHSÜCHTIGE KAMMERMÄDCHEN (PIMPINONE)
	Johannes-Passion

1726

1. Januar	Aufführung der Kantate EIN JAHR NAHT WIEDERUM in St. Katharinen
2. Januar	Telemann berichtet dem Hof in Eisenach, er habe die Möglichkeit, vertrauliche Nachrichten aus London und Den Haag zu bekommen

5. Januar	In einem scherzhaften Dreizeilen-Brief an Uffenbach meldet Telemann das Erscheinen des HARMONISCHEN GOTTESDIENSTES
6. Januar	Aufführung der Kantate ES WIRD EIN STERN in St. Jacobi
8. April	Geburt des Sohnes Ernst Conrad Eibert
10. April	Die Zeitung meldet, Telemann sei erkrankt
29. August	Uraufführung einer (nicht erhaltenen) Musik zum Festmahl der Bürgerkapitäne
16. November	Das Erscheinen der SONATES SANS BASSE À DEUX FLUTES TRAVERSES wird angekündigt
27. November	In einem Brief erkundigt sich Telemann bei Uffenbach, wo er dessen neue Kantatentexte bekommen könne, die er gern vertonen würde, und dankt für die Subskription auf ein Exemplar des HARMONISCHEN GOTTESDIENSTES
7. Dezember	Ankündigung neuer geistlicher Kantaten
25. Dezember	Aufführung der Kantate DAS WORT WARD FLEISCH in St. Petri
26. Dezember	Aufführung der Kantate DA DIE ZEIT ERFÜLLET WARD in St. Petri
27. Dezember	Aufführung der Kantate ALSO HAT GOTT DIE WELT GELIEBET in St. Michaelis
	Oper DIE WUNDERBARE BESTÄNDIGKEIT DER LIEBE ODER ORPHEUS
	MUSIC, ALS IN HAMM UND HORN VOR HAMBURG DER ANFANG MIT NACHMITTÄGLICHEN CATECHISMUS-PREDIGTEN GEMACHT WARD
	Matthäus-Passion

1727

1. Januar	Aufführung der Kantate GELOBET SEI GOTT DER HERR in St. Katharinen
17. Februar	Uraufführung der Oper ADELHEID ODER DIE

	UNGEZWUNGENE LIEBE (Hamburger Uraufführung; Premiere 1725 in Bayreuth)
5. März	Telemann dankt Uffenbach in einem Brief für die Zusendung des POETISCHEN VERSUCHS; weiter schreibt er, »*daß auch ich einmal die Ehre haben möge, meine Music mit Dero Poesie zu verbinden*«, und bittet um Texte zu einem Jahrgang Kirchenkantaten
30. April	Wiederholung von ADELHEID
9. Juni	Uraufführung der Kantate DER BRITTEN FREUDE UND GLÜCKSELIGKEIT zum Geburtstag König Georgs I. von Großbritannien
17. Juni	Aufführung der Kantate MACHET KEUSCH EURE SEELEN zur Einsegnung von Ludewig Samuel Siegmann in St. Michaelis als Pastor in Archangelsk
16. Juli	Tod des Sohnes Ernst Conrad Eibert (geboren 8. April 1726)
11. August	Wiederholung von SIEG DER SCHÖNHEIT
18. August	Uraufführung der Oper CALYPSO ODER SIEG DER WEISHEIT
27. August	Wiederholung von CALYPSO für die Mitglieder des Rats
28. August	Uraufführung einer (nicht erhaltenen) Musik zum Festmahl der Bürgerkapitäne
9. September	Aufführung der Kantate SELIG SIND, DIE GOTTES WORT zur Einsegnung von Arnold Greve in St. Michaelis als Pastor an St. Nikolai in Moorfleet; abends Aufführung von EIN PROLOGUS AUF DIE GEBURT DER PRINZESSINNEN VON FRANKREICH im Opernhaus
1. Oktober	Aufführung (vielleicht Uraufführung) von DIE AMOURS DER VESPETTA, EIN NACHSPIEL im Opernhaus
6. Oktober	Uraufführung der Oper SANCIO ODER DIE SIEGENDE GROSSMUT
22. Oktober	Aufführung einer Festmusik zur Krönung Ge-

	orgs II. von Großbritannien, Das jauchzende Gross-Brittanien, im Opernhaus
12. November	Telemann, der Anfang September den Grafen von Erbach auf Schloß Breuberg im Odenwald besucht und auf dieser Reise auch Zwischenstation in Frankfurt gemacht hatte, berichtet Uffenbach in einem Brief von seiner Anfang Oktober erfolgten Rückkehr und gibt der Hoffnung Ausdruck, in den nächsten drei Wochen die ersten Vertonungen von Uffenbachs Kantatentexten schicken zu können
13. November	Wiederholung von Sancio
20. November	Wiederholung von Sieg der Schönheit
26. November	In einem weiteren Brief erkundigt sich Telemann bei Uffenbach, ob beim Druck der von ihm vertonten Kantatentexte die in Hamburg gebräuchliche Orthographie angewendet werden dürfe
2. Dezember	Aufführung der Kantate An Jesu kann ich mich erquicken zur Einsegnung von Jacob Wolter Steen in St. Michaelis als Pastor in Curslack; abends Wiederholung von Sancio
6. Dezember	Wiederholung von Sancio für die Mitglieder des Rats
13. Dezember	Telemann erläutert Uffenbach brieflich, was unter der in Hamburg gebräuchlichen Orthographie zu verstehen sei
16. Dezember	Aufführung der Kantate Der Herr ist mein getreuer Hirt zur Einsegnung von Johann George Palm in St. Petri als Pastor an St. Petri und Pauli auf dem Hamburger Berg
25. Dezember	Aufführung der Kantate Uns ist ein Kind geboren in St. Petri
26. Dezember	Aufführung der Kantate Wie teuer ist deine Güte in St. Nikolai; Telemann schreibt an Uffenbach, er gebe dessen Kantaten-Jahrgang jetzt in seiner, Telemanns, Vertonung zum

	Druck, und ergänzt seine Angaben über die Hamburger Orthographie
27. Dezember	Aufführung der Kantate O SELTNES MEISTERSTÜCK DER LIEBE in St. Michaelis

SONATES SANS BASSE À DEUX FLUTES TRAVERSES
LUSTIGE ARIEN AUS DER OPERA ADELHEID
Markus-Passion

1728

1. Januar	Aufführung der Kantate ES FLIEHET DAS JAHR in St. Katharinen
4. Januar	Auf eine Anfrage des Hofes in Aurich (Ostfriesland) schlägt Telemann Christian Stegemann für das dortige Kantorat vor; Stegemann arbeite bei ihm als Tenor und in der Oper als Cembalist
10. Februar	Uraufführung der Trauermusik DAS LEBEN IST EIN RAUCH UND SCHAUM zur Beisetzung des Bürgermeisters Heinrich Dieterich Wiese in St. Petri
9. März	Aufführung der Kantate ES DANKEN DIR, GOTT, DIE VÖLKER zur Einsegnung von Johann Baptista Tecklenburg in St. Michaelis als Pastor in Ochsenwerder
14. März	Telemann schickt Uffenbach den in Hamburg gedruckten, von ihm komponierten Kantaten-Jahrgang; im Begleitbrief schreibt er, die Musik dazu sende er an Johann Balthasar König (der diesen Jahrgang dann auch in Frankfurt aufführt)
18. März	Wiederholung von SELIGES ERWÄGEN und der Trauermusik zur Beisetzung des Bürgermeisters Wiese im Drillhaus um 15.30 Uhr
25. März	Wiederholung der Brockes-Passion und der

	Trauermusik zur Beisetzung des Bürgermeisters Wiese im Drillhaus um 15.30 Uhr
13. April	Ankündigung in der Zeitung, das Geschäft Peter Heuß führe sämtliche Telemann-Publikationen »*nebst einem Catalogo*«; demnächst würden SIEBEN MAL SIEBEN UND EIN MENUETT erscheinen
17. April	Wiederholung der Admiralitätsmusik im Drillhaus um 15.30 Uhr
21. April	Vorwort zu SEPT FOIS SEPT ET UN MENUET in Form eines Zueignungsgedichts an den Harburger Kaufmann Andreas Plumejon
12. Mai	Wiederholung von CALYPSO
18. Mai	Aufführung von EIN PROLOGUS AUF DIE KRÖNUNG DES RUSSISCHEN KAISERS PETRI 2 im Opernhaus
26. Juni	Telemann schreibt an Uffenbach, er habe aus dem Kantaten-Jahrgang erst wenige Stücke aufführen können, und übt scharfe Kritik an Matthesons Wochenschrift *Der musikalische Patriot*
24. Juli	Die Zeitung meldet, SEPT FOIS SEPT ET UN MENUET sei erschienen
26. Juli	Telemann bittet Matthäus Arnold Wilckens um Texte zu Kirchenkantaten
10. August	Aufführung der Kantate WIE LIEBLICH SIND DEINE WOHNUNGEN zur Einsegnung von Georg Schaar in St. Michaelis als Pastor in Does
26. August	Uraufführung einer – nur in der Serenata MIT INNIGSTEM ERGETZEN erhaltenen – Musik zum Festmahl der Bürgerkapitäne
23. September	Wiederholung von SIEG DER SCHÖNHEIT
2. November	Aufführung der Kantate GOTT, GROSS ÜBER ALLE GÖTTER zur Einsegnung von Tobias Heinrich Schubart als Diakon an St. Michaelis
11. November	Telemann empfiehlt Johann Häusen dem Hof in Aurich als Kapellmeister

12. November	Uraufführung der Oper DIE LAST-TRAGENDE LIEBE ODER EMMA UND EGINHARD
13. November	Die Zeitung meldet das Erscheinen der HELDEN-MUSIC (MUSIQUE HEROÏQUE) und des GETREUEN MUSIC-MEISTERS
27. November	Wiederholung der Admiralitätsmusik und Aufführung einer Serenata »*auf die höchste Gegenwart*« des Herzogspaars von Braunschweig-Lüneburg
30. November	Der Hof in Aurich schreibt an Telemann, man habe sich für Matthias Christoph Wideburg als Kapellmeister entschieden
3. Dezember	Telemann beglückwünscht den Hof in Aurich zur Wahl Wideburgs
25. Dezember	Aufführung der Kantate HERR GOTT! DU KÖNIG ALLER HIMMEL in St. Petri
26. Dezember	Aufführung der Kantate VERIRRTE SÜNDER, KEHRT, ACH, KEHRET UM! in St. Nikolai
27. Dezember	Aufführung der Kantate GOTT UND IN IHM AUCH CHRISTUM in St. Michaelis
	Oper DIE VERKEHRTE WELT
	Oper MIRIWAYS
	Zweite Auflage der KLEINEN CAMMERMUSIK von 1716
	SONATE METODICHE
	Festmusik zum Jubiläum der Oberalten
	Lukas-Passion

1729

1. Januar	Aufführung der Kantate DANKET DEM HERRN in St. Katharinen; das Erscheinen der dritten Lektion des GETREUEN MUSIC-MEISTERS wird angekündigt
4. Januar	Uraufführung der Trauermusik SELIG SIND DIE

	Toten zur Beisetzung von Anna Maria Elers in Hamm
15. Januar	Das Erscheinen der vierten Lektion des Getreuen Music-Meisters wird angekündigt
22. Januar	Das Erscheinen der siebten Lektion des Getreuen Music-Meisters wird angekündigt
28. Februar	Uraufführung der Oper Aesopus bei Hofe
2. April	Telemann schickt Uffenbach die Kupferplatten zurück, die er – mit Uffenbachs Illustrationen – für den Druck seines Kantaten-Jahrgangs verwendet hatte und die ihm dazu von Uffenbach leihweise überlassen worden waren
13. April	Wiederholung von Seliges Erwägen im Drillhaus um 16 Uhr
17. Mai	Aufführung der Kantate An Jesu kann ich mich erquicken zur Einsegnung von Daniel Rücker als Pastor an St. Michaelis
25. August	Uraufführung einer (nicht erhaltenen) Musik zum Festmahl der Bürgerkapitäne
1. November	Das Erscheinen der fünfundzwanzigsten (letzten) Lektion des Getreuen Music-Meisters wird für diesen Tag angekündigt
2. November	Telemann bittet den Hof in Eisenach um Zahlung der rückständigen Quartalsgelder, die inzwischen 125 Reichstaler betragen
17. November	Aufführung der Kantate Kinder, es ist die letzte Stunde zur Einsegnung von Heinrich Höck als Prediger an St. Georg
22. November	Uraufführung der Trauermusik Gott Lob! Es ist vollbracht zur Beisetzung des Bürgermeisters Hanns Jacob Faber in St. Jacobi
23. November	Uraufführung der Oper Flavius Bertaridus, König der Langobarden
24. November	Aufführung der Kantate Der Herr ist mein Hirte zur Einsegnung von Heinrich Koch als Prediger an St. Georg
20. Dezember	Brief Telemanns an Johann Gottfried Walther

	mit autobiographischem Text für Walthers MUSICALISCHES LEXICON
31. Dezember	Telemann bittet den Eisenacher Kammerrat Langmasius, ihm zu den noch ausstehenden 125 Reichstalern für seine Korrespondententätigkeit zu verhelfen
	Telemann erhält das Angebot, nach Rußland zu kommen
	Johannes-Passion

1730

2. Januar	FAST ALLGEMEINES EVANGELISCH-MUSICALISCHES LIEDER-BUCH wird angekündigt
24. Januar	Telemann dankt Uffenbach »*für Dero unvergleichliches Geschenk einer Kupfer-Platte zu meinem Choral-Buche*«, dessen Druck zwar beendet sei, von dem ihm aber noch keine Exemplare vorlägen
3. Februar	Das Erscheinen von ZWEYTES SIEBEN MAL SIEBEN UND EIN MENUETT wird angekündigt
6. Februar	Widmungsgedicht zu ZWEYTES SIEBEN MAL SIEBEN UND EIN MENUETT an Friedrich Carl Graf zu Erbach und Limburg
17. April	Wiederholung von SANCIO
26. April	Telemann reklamiert beim Hof in Eisenach erneut die immer noch ausstehende Zahlung von 125 Reichstalern für seine Korrespondentenschaft und verweist dabei auf seine »*ohne diß baufällige Gesundheit*«
15. Mai	Der Hof in Eisenach teilt Telemann mit, man wolle nun endgültig auf die Korrespondenz verzichten und werde das rückständige Honorar zahlen; weitere Zahlungen aber würden unterbleiben, da das Hamburger Amt nicht neu besetzt werde

18. Mai	In einem Brief an den Hof in Eisenach bittet Telemann darum, ihm wenigstens die im voraus bezahlten Unkosten zu erstatten; an diesem Tag (Himmelfahrt) bezieht Telemann auch eine neue Wohnung
27. Mai	Statt des erkrankten Telemann schreibt sein Sohn Andreas an den Hof in Eisenach, man möge seinem Vater für die zusätzlichen Auslagen einen Ausgleich von 30 Talern geben; eine dem Brief beigefügte Quittung Telemanns bestätigt den Empfang von 125 Reichstalern
26. Juni	Uraufführung der Jubelmusik zur Feier des zweihundertjährigen Bestehens der Augsburgischen Konfession in den fünf Hauptkirchen und im Gymnasium
27. Juni	Wiederholung der Jubelmusik in der Stadt-Schule
3. Juli	Wiederholung von SANCIO
5. Juli	Wiederholung der Jubelmusik mit über hundert Mitwirkenden im Drillhaus
26. Juli	Aufführung der Kantate ES DANKEN DIR, GOTT, DIE VÖLKER zur Einsegnung von Adolph Friederich Meyer in St. Nikolai als Pastor des Waisenhauses
10. August	Uraufführung der Oper MARGARETHA, KÖNIGIN VON KASTILIEN
31. August	Uraufführung des Oratoriums JAUCHZE, JUBILIER' UND SINGE und der Serenata ZU WALLE! ZU WALLE! zum Festmahl der Bürgerkapitäne
27. September	Uraufführung der Oper ERNELINDA
4. Oktober	Aufführung der Kantate HILF, HERR! DIE HEILIGEN HABEN ABGENOMMEN zur Einsegnung von Philipp Ludolph Scriba in St. Nikolai als Pastor von Ochsenwerder
14. Oktober	Telemann reklamiert beim Hof in Eisenach das Gehalt für das letzte Halbjahr seiner Korrespondententätigkeit

15. Dezember	Gedicht auf Telemann im *Hamburgischen Correspondenten*
19. Dezember	Vorwort Telemanns zur Veröffentlichung der Festkantaten SEI TAUSENDMAL WILLKOMMEN und DU BLEIBEST DENNOCH UNSER GOTT zur Feier des zweihundertjährigen Bestehens der Augsburgischen Konfession

ICH WILL DEM HERRN SINGEN, Musik »*auf Ihro Hoheit zu Eisenach Geburtstag*«
Matthäus-Passion

1731

22. Januar	Wiederholung von SANCIO
23. Januar	Die Drucklegung der beiden Festkantaten zur Feier des zweihundertjährigen Bestehens der Augsburgischen Konfession nebst zweier Sonatinen wird angekündigt
24. Januar	Wiederholung von EMMA UND EGINHARD
27. Januar	Veröffentlichung eines Gedichts auf Telemann im *Hamburgischen Correspondenten*
9. März	Uraufführung des Passions-Oratoriums DER BEKEHRTE HAUPTMANN CORNELIUS im Drillhaus
22. März	Uraufführung eines (nicht erhaltenen) Passions-Oratoriums auf einen Text von Johann Ulrich von König, bei der es zu einem Skandal kommt
30. März	Ankündigung des Erscheinens von sechs neuen Kantaten
19. Juli	Wiederholung von SANCIO
6. August	Wiederholung von SANCIO
30. August	Uraufführung des Oratoriums ICH DANKE DEM HERRN VON GANZEM HERZEN und der Serenata

	Vereinigt euch und singt bei allgemeiner Lust zum Festmahl der Bürgerkapitäne
24. September	Vorwort zu XX Kleine Fugen, so wohl auf der Orgel, als auch auf dem Claviere zu spielen, nach besonderen Modis verfasset; Telemann widmet dieses Werk »dem hochberühmten Venetianischen Nobili und Haupte der Virtuosen, Herrn Benedetto Marcello«
3. Oktober	Aufführung der Oper Admetus
4. Oktober	Wiederholung von Ernelinda
11. Oktober	Wiederholung von Ernelinda
9. November	Die Fortsetzung des Harmonischen Gottesdienstes wird angekündigt
12. November	Wiederholung von Ernelinda
13. November	Telemann bittet Uffenbach, sich für den neuen Harmonischen Gottesdienst einzusetzen, »da ein solches Werk stark in die Kosten lauft«; in einer Sammlung von Gedichten auf den Tod eines Sohnes von Barthold Hinrich Brockes sei er, Telemann, auch vertreten
30. November	Ankündigung von III Trietti metodichi e III Scherzi a 2 Flauti trav. o Violini col Fundamento
4. Dezember	Wiederholung von Sancio
15. Dezember	Ein neuer Kantaten-Jahrgang wird angezeigt
	Oper Der Streit der kindlichen Pflicht und der Liebe von Niccolò Porpora mit Rezitativen von Telemann
	Markus-Passion

1732

18. Januar	Wiederholung von Admetus in Anwesenheit des Markgrafen Friedrich Ernst von Brandenburg-Culmbach

29. Januar	Ankündigung eines neuen Kantaten-Jahrgangs
13. Februar	Wiederholung von EMMA UND EGINHARD
20. Februar	Aufführung des Oratoriums HERR GOTT, DICH LOBEN WIR und der Serenata O ERHABNES GLÜCK DER EHE zur goldenen Hochzeit des Senators Matthias Mutzenbecher
23. Februar	Telemann dankt Uffenbach brieflich für die Subskription der Fortsetzung des HARMONISCHEN GOTTESDIENSTES; weiter heißt es in dem Brief, Richeys Text für die Musik zur Hochzeit Mutzenbecher müsse als »eine von Seinen Meister-Stücken genennet werden«, er fürchte aber, es werde sein Schwanengesang, da Richey »beständig krank ist und sehr zusammenfällt«; der Hamburger Oper fehle es an Besuchern; seine FANTAISIES POUR LE CLAVESSIN erschienen wöchentlich als »ein fliegendes Blat«
27. Februar	Aufführung der Kantate DEIN WORT LASS MICH BEKENNEN zur Einsegnung von Johann Albert Wilde in St. Nikolai als Pastor von Moorburg
26. Juni	Wiederholung von ADMETUS
11. Juli	Wiederholung der Admiralitätsmusik auf dem Wasser beim Besuch des Erbprinzen Anton Ulrich von Braunschweig
11. August	Wiederholung von SANCIO
12. August	Aufführung der Kantate DER FESTE GRUND GOTTES zur Einsegnung von Adolph Wilhelm von Gohren als Pastor an St. Michaelis
25. August	Wiederholung von ADMETUS
28. August	Uraufführung einer (nicht erhaltenen) Musik zum Festmahl der Bürgerkapitäne
30. Oktober	Telemann bittet den Rudolstädter Konzertmeister Johann Graf, seine TAFELMUSIK zu subskribieren beziehungsweise den dortigen Hof um Subskription zu bitten
12. November	Telemann bittet Uffenbach um Subskription

	der TAFELMUSIK; Vorwort zu SONATE METODICHE A VIOLINO SOLO O FLAUTO TRAVERSO mit Widmung an die Brüder Rudolph und Hieronymus Burmester in Hamburg
1. Dezember	Johann Graf überweist acht Reichstaler an Telemann für die TAFELMUSIK, welche die »*Cour Ducale de Rudolstadt*« subskribiert
	Lukas-Passion

1733

5. Januar	Uraufführung der Trauermusik ACH! WIE NICHTIG zur Beisetzung des Bürgermeisters Garlib Sillem in St. Petri; den Text hat Sillem selbst verfaßt
4. Februar	Uraufführung der Oper DER WEISESTE IN SIDON
14. Februar	Brief Pantaleon Hebenstreits an Telemann mit der Bitte um Auskunft über Clavichorde
19. Februar	Telemann quittiert den Empfang von acht Reichstalern, die ihm Johann Graf für die TAFELMUSIK geschickt hatte
28. Februar	In einem Brief an den Kaufmann J. R. Hollander in Riga schreibt Telemann, die TAFELMUSIK sei noch nicht erschienen, und kündigt die Fortsetzung des HARMONISCHEN GOTTESDIENSTES an
14. März	Brief Christoph Försters an Telemann wegen Subskription der TAFELMUSIK und Bestellung des Choral-Buches
21. Mai	Wiederholung von SANCIO
27. August	Uraufführung einer (nicht erhaltenen) Musik zum Festmahl der Bürgerkapitäne
9. September	Aufführung der Kantate ES DANKEN DIR, GOTT, DIE VÖLKER zur Einsegnung von Johannes Al-

	bert Elers in St. Nikolai als Diakon des Amtes Ritzebüttel
28. Oktober	Ankündigung der SINGE-, SPIEL- UND GENERALBASS-ÜBUNGEN
20. November	Die Zeitung meldet das Erscheinen des ersten und des zweiten Stücks der SINGE-, SPIEL- UND GENERALBASS-ÜBUNGEN
4. Dezember	Wiederholung von ADMETUS

MUSIQUE DE TABLE (TAFELMUSIK)
FANTAISIES POUR LE CLAVECIN
SIX QUATUORS OU TRIOS
FANTAISIES À TRAVERS SANS BASSE
Zweite Auflage der LUSTIGEN ARIEN AUS DER OPERA ADELHEID
»Serenata Eroica« zum Tode Augusts des Starken, IN DUNKLER NACHT, BESTÜRZT UND BANGE
Johannes-Passion

1734

1. Februar	Vorwort zu XII SOLOS À VIOLON OU TRAV. AVEC LA BASSE CHIFFRÉE
16. April	Zeitungsnotiz über das Erscheinen der TAFELMUSIK im vergangenen Jahr
19. Juni	Vorwort zu SCHERZI MELODICHI PER DIVERTIMENTO DI COLORE, CHE PRENDONO LE ACQUE MINERALI IN PIRMONTE
19. August	Wiederholung von ADELHEID
26. August	Uraufführung des Oratoriums UNSICHTBARE SONNE und der Serenata DIE TROMMELN ERTÖNEN zum Festmahl der Bürgerkapitäne
13. Oktober	Wiederholung von ADELHEID
10. November	Wiederholung der Kapitänsmusik im Drillhaus um 16 Uhr
18. November	Wiederholung von SIEG DER SCHÖNHEIT

25. November	Wiederholung von SANCIO für die Mitglieder des Rats
28. November	Johann Sebastian Bach führt am ersten Adventssonntag Telemanns Kantate MACHET DIE TORE WEIT (1719) in der Leipziger Thomaskirche auf
30. Dezember	Wiederholung von ADELHEID

Kantate SÜSSE HOFFNUNG, WENN ICH FRAGE
SIX CONCERTS ET SIX SUITES
XII FANTASIE PER IL VIOLINO SENZA BASSO
SONATE A VIOLINO E VIOLONCELLO O CIMBALO OP. 1
Matthäus-Passion

1735

26. Januar	Wiederholung von SIEG DER SCHÖNHEIT
12. Mai	Wiederholung von SIEG DER SCHÖNHEIT
23. Juni	Telemann trägt sich in Lüneburg in das Stammbuch von Conrad Arnold Schmid ein
25. August	Uraufführung einer (nicht erhaltenen) Musik zum Festmahl der Bürgerkapitäne
7. September	Wiederholung von SANCIO
22. September	Wiederholung von SIEG DER SCHÖNHEIT für die Mitglieder des Rats
27. Oktober	Wiederholung der Kapitänsmusik im Drillhaus um 16 Uhr

SONATES CORELLISANTES
ZWÖLF CANONES VON 3 ODER 4 STIMMEN
12 FANTAISIES À BASSE DE VIOLE SANS BASSE
XII FANTASIE PER IL VIOLINO SENZA BASSO
6 MORALISCHE CANTATEN
Markus-Passion

1736

4. Januar	In einem Brief an den sich in Wien aufhaltenden Johann Richey bittet Telemann, der über seinen »*verfallenen Zustand*« klagt, Richey möge sich in Wien für seine veröffentlichten Kompositionen einsetzen
6. März	Die Zeitung meldet, »*24 fugirte und contrapunctirte Choräle*« Telemanns seien »*erst kürzlich ans Licht getreten*«
26. März	Telemann dankt Johann Richey für dessen Antwort und verspricht ihm, Noten nach Wien zu schicken
16. Mai	Wiederholung der Admiralitätsmusik und einer Hochzeitsmusik im Drillhaus um 16 Uhr
27. Juni	Telemann trifft zur Kur in Bad Pyrmont ein
6. Juli	Aufführung der Kantate GOTT, GROSS ÜBER ALLE GÖTTER zur Einsegnung von Johann Adolph Granau als Diakon an St. Jacobi
30. August	Uraufführung des Oratoriums PREISE JERUSALEM DEN HERRN und der Serenata SO KOMMT DIE KÜHNE TAPFERKEIT zum Festmahl der Bürgerkapitäne
1. September	Briefgedicht Telemanns an J. R. Hollander in Riga mit der Ankündigung, ihm neue Musikalien zu senden, und der Mitteilung: »*Die Frau ist von mir weg, und die Verschwendung aus*«; um seine Schulden zu begleichen, habe man in Hamburg für ihn 600 Reichstaler gesammelt
8. Oktober	Wiederholung von SANCIO
15. Oktober	Uraufführung der Oper ORASIA ODER DIE RACHBEGIERIGE DER GEDULDIGEN LIEBE
18. Oktober	Wiederholung von ORASIA

Maria Catharina, Telemanns zweite Frau, stirbt
SIX OUVERTURES À 4 OU 6
Lukas-Passion

1737

30. Januar	Wiederholung von SANCIO
8. April	Telemann schreibt an Johann Richey in Wien über die Schwierigkeit, in Wien seine Kompositionen zu verkaufen
28. August	Aufführung der Kantate DIE DAS WORT DER WAHRHEIT LERNEN zur Einsegnung von Johann Conrad Klefeker in St. Nikolai als Pastor von Billwerder
29. August	Uraufführung des Oratoriums VÖLKER, THRONEN, LÄNDER, STAATEN und der Serenata VOR UNSRER TROMMELN TAPFREM SCHALL zum Festmahl der Bürgerkapitäne
30. September	Uraufführung von DAS LOB DER MUSEN, EIN PROLOGUS, DER TRIUMPH DES BACCHUS, EINE SOGENANNTE VOLKREICHE MASQUERADE im Opernhaus
2. Oktober	Wiederholung von DAS LOB DER MUSEN
3. Oktober	Wiederholung von DAS LOB DER MUSEN
7. Oktober	Wiederholung von DAS LOB DER MUSEN für die Mitglieder des Rats
11. November	Wiederholung von DAS LOB DER MUSEN

Telemann reist »*um Michaelis*« (29. September) nach Paris
CANTATE ODER TRAUER-MUSIC EINES KUNSTERFAHRENEN CANARIEN-VOGELS
Johannes-Passion

1738

8. Januar	Wiederholung von SANCIO
3. Februar	Erteilung eines königlichen Druckprivilegs in Paris an Telemann
21. Februar	Wiederholung von SANCIO für die Mitglieder des Rats

25. März	Uraufführung des Psalms DEUS JUDICIUM TUUM in den Tuilerien zu Paris in Anwesenheit Telemanns
27. Mai	Tod des Sohnes August Bernhard (geboren 1. Juli 1721)
3. Juli	In einem Brief an Telemann gibt Brockes seiner Freude »*über Dero glücklichen retour in Hamburg*« Ausdruck
28. August	Uraufführung des Oratoriums WOHL DEM VOLKE und der Serenata ES LOCKET DIE TROMMEL zum Festmahl der Bürgerkapitäne
11. November	Aufführung der Kantate FÜHRE MICH, O HERR, UND LEITE zur Einsegnung von Nicolaus Alard als Dompastor
	Konzert Telemanns auf Schloß Plön (Holstein)
	XVIII CANONS MÉLODIEUX OU VI SONATES EN DUO erscheinen in Paris
	NOVEAUX QUATUORS EN SIX SUITES (PARISER QUARTETTE) erscheinen in Paris; unter den Subskribenten befindet sich »*Mr. Bach de Leipzig*«
	Matthäus-Passion (Parodie der Passion von 1726)

1739

6. Februar	Uraufführung der Trauermusik DRÄNGE DICH AN DIESE BAHRE zur Beisetzung des Bürgermeisters Daniel Stockfleth in St. Petri
19. Februar	Wiederholung der Trauermusiken für die Beisetzungen der Bürgermeister Stockfleth und Faber im Drillhaus um 16 Uhr
5. März	Wiederholung der Trauermusiken für die Beisetzungen der Bürgermeister Stockfleth, Faber und Sillem im Drillhaus um 16 Uhr

24. März	Aufführung der Kantate ICH WEISS, AN WELCHEN ICH GLAUBE zur Einsegnung von Paul Christoph Henschen in St. Petri als Pastor in Allermöhe
28. Mai	Uraufführung der Trauermusik WIR HABEN HIER KEINE BLEIBENDE STATT zur Beisetzung von Andreas Elers, Pastor zu Hamm und Horn
27. August	Uraufführung des Oratoriums UNERSCHÖPFLICHES MEER DER LIEBE! und der Serenata DICH ZU BESCHÜTZEN zum Festmahl der Bürgerkapitäne
12. September	Tod Reinhard Keisers; Telemann schreibt ein Gedicht auf den verstorbenen Komponisten
26. September	Die Musik zur Einweihung von St. Nikolai in Billwerder, SIEHE DA, EINE HÜTTE GOTTES, ist im Druck in der Buchhandlung von Conrad König zu haben
29. September	Uraufführung der Kantate SIEHE DA, EINE HÜTTE GOTTES zur Einweihung von St. Nikolai in Billwerder
23. Oktober	Aufführung der Kantate DIE LEHRER WERDEN LEUCHTEN zur Einsegnung von Erdmann Gottlieb Neumeister als Diakon an St. Jacobi
7. Dezember	Brief Carl Heinrich Grauns an Telemann

Markus-Passion

1740

3. Februar	Brief Telemanns an Albrecht von Haller mit der Bitte, ihm Oden zur Vertonung zu senden
7. April	Wiederholung von SELIGES ERWÄGEN und DEUS JUDICIUM TUUM (*»welche vor 2 Jahren für das prächtige Concert spirituel zu Paris verfertiget worden«*) im Drillhaus um 16 Uhr
15. Juni	Brief Carl Heinrich Grauns an Telemann

20. Juli	Aufführung der Kantate Wie lieblich sind deine Wohnungen zur Einsegnung von Hermann Christian Hornbostel als Hauptpastor an St. Nikolai
25. August	Uraufführung einer (nicht erhaltenen) Musik zum Festmahl der Bürgerkapitäne
8. September	Telemann schreibt an Michael Ernst von Essen (Lübeck) wegen der Übersendung seines Deus judicium tuum und der Trauermusik auf den Tod Augusts des Starken (In dunkler Nacht, bestürzt und bange) für eine mögliche Aufführung in Lübeck »die Woche nach Michaelis«
14. Oktober	Telemann bietet in der Zeitung die Druckplatten von 44 seiner Werke zum Verkauf an
11. Dezember	Uraufführung der Trauerkantate Gönne jammervollen Klagen zum Tod Kaiser Karls VI. als Abschluß der Trauerfeierlichkeiten; St. Katharinen zahlt an Telemann 211 Mark für die Aufführung

Dritte Auflage der Sonates sans Basse à deux Flutes traverses erscheint in London
Lukas-Passion

1741

9. März	Wiederholung von Seliges Erwägen und Deus judicium tuum im Drillhaus um 16 Uhr
20. März	Wiederholung von Seliges Erwägen und Deus judicium tuum im Drillhaus um 16 Uhr
23. März	Aufführung der Kantate Wo will man Weisheit finden zur Einsegnung von Johann Ludewig Schlosser als Hauptpastor an St. Katharinen
10. August	Aufführung der Kantate Schaffet, dass ihr selig werdet zur Einsegnung von Joachim Jo-

	hann Daniel Zimmermann als Diakon an St. Katharinen
25. September	Uraufführung der Trauermusik GOTT, DU HAST DEINEM VOLKE EIN HARTES ERZEIGET zur Beisetzung des Bürgermeisters Johann Hermann Luis in St. Nikolai
14. November	Wiederholung der Kantate SCHAFFET, DASS IHR SELIG WERDET zur Einsegnung von Carl Johann Heise als Diakon an St. Petri
	VIER UND ZWANZIG TEILS ERNSTHAFTE, TEILS SCHERZENDE, ODEN
	Johannes-Passion

1742

6. Februar	Aufführung der Kantate SELIG SIND, DIE GOTTES WORT zur Einsegnung von Johann Arnold Schrötteringk als Diakon an St. Michaelis
12. März	Telemann schreibt an Uffenbach, er habe geglaubt, Uffenbach sei schon vor Jahren gestorben, und erfahre »*itzt mit grössten Vergnügen, daß Sie noch leben*«
24. April	Aufführung der Kantate SÄUMET NICHT LÄNGER, IHR FRÖHLICHEN CHÖRE zur Kaiserkrönung Karls VII., vormittags in St. Johannis
7. Mai	Wiederholung der Krönungskantate und von DEUS JUDICIUM TUUM im Drillhaus um 16 Uhr
10. Mai	Wiederholung der Krönungskantate und von DEUS JUDICIUM TUUM im Drillhaus
24. Mai	Wiederholung der Krönungskantate und von DEUS JUDICIUM TUUM im Drillhaus
20. Juli	Aufführung der Kantate ALLE SCHRIFT, VON GOTT EINGEGEBEN zur Einsegnung von Matthias Lüttmann als Prediger an der Heiliggeistkirche

14. August	Aufführung der Kantate Ich halte mich, Herr, zu deinem Altar zur Einweihung des neuen Altars in St. Gertrudis
27. August	Telemann erkundigt sich bei Uffenbach nach dessen angekündigtem Hamburg-Besuch und berichtet über seine Blumenliebe
30. August	Uraufführung des Oratoriums Der Herr ist meine Stärke und der Serenata Schlagt die Trommeln, blast Trompeten zum Festmahl der Bürgerkapitäne
30. November	Uraufführung der Trauermusik Wer Gott vertraut zur Beisetzung des Bürgermeisters Rütger Rulant in St. Michaelis
14. Dezember	Aufführung der Kantate Nehmet auf euch mein Joch zur Einsegnung von Erdmann Gottwerth Neumeister als Diakon an St. Jacobi

Matthäus-Passion

1743

27. Februar	Mit einem Brief schickt Lorenz Christoph Mizler seine Dritte Sammlung auserlesener musikalischer Oden an Telemann
22. Juni	Brief Carl Heinrich Grauns an Telemann
12. August	In einem Brief an Telemann äußert sich Mizler über dessen Kritik an seinen Sonatinen
29. August	Uraufführung des Oratoriums Ertönet ein Jauchzen und der Serenata Wir dienen der Freiheit zum Festmahl der Bürgerkapitäne

Markus-Passion

1744

4. März	Brief Telemanns an Albrecht von Haller (verschollen)
12. März	Brief Telemanns an Albrecht von Haller (verschollen)
16. März	Brief Lorenz Christoph Mizlers an Telemann über Matthesson, Telemanns INTERVALLSYSTEM und seine, Mizlers, Sonatinen
23. März	Brief Lorenz Christoph Mizlers an Telemann über Telemanns INTERVALLSYSTEM und dessen Interpretation
7. Juli	Aufführung der Kantate O JERUSALEM! zur Einsegnung von Ernst Friedrich Mylius als Hauptpastor an St. Petri
23. Juli	Wiederholung von ADELHEID
16. August	Aufführung der beiden Frühlingskantaten (Texte von Brockes) auf der Binnenalster anläßlich des Besuchs des kölnischen Kurfürsten Clemens August
3. September	Uraufführung des Oratoriums VEREINT EUCH, IHR BÜRGER und der Serenata FREIHEIT, GÖTTIN, DIE SEGEN UND FRIEDE BEGLEITEN zum Festmahl der Bürgerkapitäne
10. November	Wiederholung der Kantate O JERUSALEM! zur Einsegnung von Georg Anton Werkmeister als Diakon an St. Petri
	Lukas-Passion

1745

16. Februar	Aufführung der Kantate KOMMT, LASSET UNS ANBETEN zur Einweihung der Kirche St. Hiob
29. April	Wiederholung der Trauermusik ICH HOFFETE AUFS LICHT zur Trauerfeier für Kaiser Karl VII. und von DEUS JUDICIUM TUUM

6. Juni	Aufführung eines Telemann-Quartetts in Paris
8. Juni	Aufführung eines Telemann-Quartetts in Paris
13. Juni	Aufführung eines Telemann-Quartetts in Paris
17. Juni	Aufführung eines Telemann-Quartetts in Paris
20. Juni	Aufführung eines Telemann-Quartetts in Paris
25. August	Uraufführung einer (nicht erhaltenen) Musik zum Festmahl der Bürgerkapitäne
26. September	Aufführung der Kantate JAUCHZET DEM HERRN ALLE WELT zur Kaiserwahl Franz' I. in St. Petri
8. Dezember	Aufführung der Kantate GOTT SPRACH: ES WERDE LICHT zur Kaiserkrönung Franz' I.
	Unter dem Titel SIX CANONS OR SONATAS erscheinen die CANONS MÉLODIEUX in London
	Johannes-Passion

1746

15. Februar	Aufführung der Kantate GEHE AUS DEINEM VATERLANDE zur Einsegnung von Christian Friederich Schaub in St. Michaelis als Pastor der Gemeinde zum Pesthof
28. April	Aufführung der Kantate DER HERR SEGNE DICH zur Einsegnung von Hinrich Wordenhoff als Pastor an St. Petri und Pauli auf dem Hamburger Berg
14. September	Telemann komponiert für den Kantor Christian Urban Traumann in Wilster (Holstein) eine Trauerkantate auf den am 6. August verstorbenen König Christian VI. von Dänemark, deren Text Traumann verfaßt hat
11. Oktober	Aufführung der Kantate WO WILL MAN WEISHEIT FINDEN? zur Einsegnung von Alexander Joachim Johann Schröder als Diakon an St. Petri
	Matthäus-Passion

1747

16. Januar	Tod von Barthold Hinrich Brockes
23. März	Wiederholung von SELIGES ERWÄGEN in St. Michaelis
20. Juni	Brief Carl Heinrich Grauns an Telemann
30. Juni	Musik zum goldenen Dienstjubiläum von Erdmann Neumeister, Pfarrer an St. Jacobi
31. August	Uraufführung einer (nicht erhaltenen) Musik zum Festmahl der Bürgerkapitäne
26. Oktober	Aufführung der Kantate HEILIG, HEILIG, HEILIG IST GOTT zur Einweihung der Dreieinigkeitskirche in der Vorstadt St. Georg
10. November	Wiederholung der Einweihungsmusik vom 26. Oktober im Drillhaus um 17 Uhr; wiederholt wird ferner ein »*zu einer hohen Solemnität neulich verfertigtes und für vielerley Instrumente eingerichtetes Concert*«

Markus-Passion

1748

16. Januar	Aufführung der Kantate ALLE SCHRIFT, VON GOTT EINGEGEBEN zur Einsegnung von Johann Peter Gerike als Diakon an St. Michaelis
22. März	Anfrage Telemanns an den Pastor Friedrich Wagner von St. Michaelis, wie er sich gegenüber dem Juraten Syling verhalten solle, der ihn zu einer Aufführung von SELIGES ERWÄGEN in St. Michaelis dränge
20. April	Geburt des Enkels Georg Michael Telemann in Plön
21. Mai	Aufführung der Kantate HEBET EURE HÄNDE zur Einsegnung von Georg Ehrenfried Paul Raupach in St. Michaelis als Pastor in Archangelsk

29. August	Uraufführung einer (nicht erhaltenen) Musik zum Festmahl der Bürgerkapitäne
27. Oktober	Festmusik DU, HERR, BIST UNSER VATER zur Feier des hundertjährigen Bestehens des Westfälischen Friedens in St. Petri
30. Oktober	Auf die Möglichkeit einer Wiederholung der Festmusik vom 27. Oktober in den anderen Hauptkirchen angesprochen, bittet Telemann den Rat, eine solche Wiederholung zu gestatten; er verlange kein Honorar dafür, wohl aber fünf Reichstaler für die Texthefte

Lukas-Passion

1749

15. Januar	Brief Telemanns an den Rat wegen erneuter Streitigkeiten mit den Ratsdruckern um das Urheberrecht an den gedruckten Passionstexten
22. Januar	Aufführung der Kantate SEID NÜCHTERN UND WACHET zur Einsegnung von Adam Christoph Höfer als Diakon an St. Nikolai
7. Februar	Brief Telemanns an den Ratssekretär Dr. Anderson wegen des Urheberrechts am gedruckten Text von SELIGES ERWÄGEN und wegen der von der Rechnungskammer gekürzten Bezüge
22. Februar	Brief Franz Bendas an Telemann wegen übersandter Musikalien
16. April	In einem Brief an Telemann äußert sich Johann Georg Pisendel zu den Responsorien von Jan Dismas Zelenka, die er ihm schickt, und zu den »*verlangten Erdgewächsen*« für Telemanns Garten; daneben berichtet er musikalische Neuigkeiten
2. Juni	Uraufführung der Trauermusik DER MENSCH IST IN SEINEM LEBEN WIE GRAS zur Beisetzung

	des Bürgermeisters Nicolai Stampeel in St. Nikolai
16. Juli	Aufführung der Kantate HERR! LEHRE MICH TUN zur Einsegnung von Samuel Seeland als Diakon an St. Nikolai
18. Juli	Aufführung der Kantate ALLES, WAS ODEM HAT zur Einsegnung von Anthon Kühl als Diakon an St. Jacobi
28. August	Uraufführung des Oratoriums ERWACHT UND ERTÖNET und der Serenata EUCH, DIE DER HIMMEL DEN STERBLICHEN SCHICKET zum Festmahl der Bürgerkapitäne
9. September	Aufführung der Kantate SO LASSET UNS NICHT SCHLAFEN zur Einsegnung von Georg Henrich Schulze in St. Michaelis als Diakon der Gemeinde zu Groden, Amt Ritzebüttel
11. September	Wiederholung der Kantate O JERUSALEM! zur Einsegnung von Bernhard Nicolaus Harz als Diakon an St. Katharinen
29. Oktober	Aufführung einer Ode in lateinischer Sprache in Altona bei einer Feier des Gymnasiums
	Johannes-Passion (Parodie der Passion von 1741)

1750

6. Januar	In einem Brief an Telemann berichtet Johann Adolph Scheibe über verschiedene musikalische Streitfragen
16. Juni	In einem Brief an Telemann entschuldigt sich Georg Andreas Sorge dafür, überlassene Musikalien wegen des Gerüchts von Telemanns Tod nicht zurückgeschickt zu haben, und beschreibt seine dürftigen Lebensumstände
28. Juli	Johann Sebastian Bach stirbt in Leipzig; Tele-

	mann schreibt ein Sonett auf Bachs Tod, das im Januar 1751 in Dresden veröffentlicht wird
25. Dezember	In einem Brief dankt Georg Friedrich Händel Telemann für die Empfehlung des Virtuosenpaars Passerini und für die Zusendung des INTERVALLSYSTEMS und verspricht ihm eine Sendung seltener Blumen
	Matthäus-Passion

1751

16. März	Aufführung der Kantate MIT DANKEN UND LOBEN zur Einweihung des neuen Gymnasiums und der Stadt-Bibliothek
25. März	Aufführung einer Orchestersuite Telemanns in Paris
26. März	Brief Johann Georg Pisendels an Telemann mit Geburtstagsglückwünschen und verschiedenen musikalischen Neuheiten sowie über die Drucklegung der Responsorien von Jan Dismas Zelenka
28. März	Aufführung einer Orchestersuite Telemanns in Paris (Wiederholung vom 25. März?)
29. April	Wiederholung der Kantate MIT DANKEN UND LOBEN im Drillhaus um 16 Uhr
1. Mai	Brief Carl Heinrich Grauns an Telemann über französische Musik
16. Mai	Aufführung der Kantate ZERSCHMETTERT DIE GÖTZEN zur Einweihung der Kirche von Nienstedten
27. Mai	Konzert mit Wiederholung der Kantate MIT DANKEN UND LOBEN und *mit verschiedenen, noch nicht gehörten Instrumentalstücken* im Drillhaus um 16 Uhr
26. August	Uraufführung einer (nicht erhaltenen) Musik zum Festmahl der Bürgerkapitäne

9. November	Brief Carl Heinrich Grauns an Telemann über die Behandlung des Rezitativs bei Rameau
15. Dezember	Brief Telemanns an Graun über das Rezitativ in der französischen und der italienischen Musik; es heißt darin: »*Ich habe mich nun von so vielen Jahren her ganz marode melodirt, und etliche Tausendmal selbst abgeschrieben, wie andere mit mir, mithin also draus geschlossen: Ist in der Melodie nichts Neues mehr zu finden, so muß man es in der Harmonie suchen.*«

Markus-Passion

1752

14. Januar	Brief Carl Heinrich Grauns an Telemann über das italienische und das französische Rezitativ sowie Telemanns Bekenntnis, man müsse in der Harmonie Neues suchen; Graun: »*In der Harmonie neue Thöne suchen, kommt mir eben so vor, als in einer Sprache neue Buchstaben.*«
3. Juni	Brief Johann Georg Pisendels an Telemann mit musikalischen Neuigkeiten
1. August	Aufführung einer Ouvertüre Telemanns in Paris
31. August	Uraufführung des Oratoriums FÜRCHTET DEN HERRN und der Serenata DIE ZEITEN, DIE SO SCHNELL VERFLIESSEN zum Festmahl der Bürgerkapitäne
18. November	In einem Brief an Telemann kündigt Johann Friedrich Agricola die Zusendung eigener Kompositionen an

SEI DUETTI in Paris veröffentlicht
Lukas-Passion

1753

11. Januar	Brief von Johann Joachim Quantz an Telemann über dessen Trios und Quartette
30. August	Uraufführung einer (nicht erhaltenen) Musik zum Festmahl der Bürgerkapitäne
21. Oktober	Telemann trägt sich mit einem Vierzeiler in französischer Sprache in das Album der Familie Scheffel ein
31. Oktober	In einem Brief versucht Lorenz Christoph Mizler sich bei Telemann wieder in Erinnerung zu bringen und bittet diesen um eine versprochene Kantatenkomposition
12. November	Wiederholung der Kapitänsmusik im Drillhaus um 17 Uhr

Johannes-Passion

1754

28. Mai	Aufführung der Kantate WO WILL MAN WEISHEIT FINDEN? zur Einsegnung von Tobias Martin Zornickel als Diakon an St. Petri
29. August	Uraufführung des Oratoriums SINGT EHRE! und der Serenata WIRBELT, IHR TROMMELN! zum Festmahl der Bürgerkapitäne
20. September	In einem Brief an Telemann stellt Georg Friedrich Händel eine Sendung exotischer Pflanzen in Aussicht
8. Oktober	Aufführung der Kantate HABE ACHT AUF DICH SELBST zur Einsegnung von Joachim Lütken in St. Maria Magdalena als Prediger der Gemeinde zu Steinbeck
9. Oktober	Wiederholung der Kapitänsmusik im Drillhaus um 17 Uhr
28. Oktober	Tod Friedrich von Hagedorns

29. Oktober	Telemann veröffentlicht im *Hamburgischen Correspondenten* ein Gedicht auf den Tod des Bürgermeisters Conrad Widow
	Matthäus-Passion

1755

19. März	Aufführung von »*zwey Passions-Oratorien*« im Drillhaus um 16.30 Uhr
28. August	Uraufführung des Oratoriums DANKET DEM HERRN und der Serenata IHR RÜSTIGEN WÄCHTER zum Festmahl der Bürgerkapitäne
4. September	Aufführung der Kantate O JERUSALEM! zur Einsegnung von Julius Gustav Alberti als Diakon an St. Katharinen
5. Oktober	Uraufführung der Kantate HOLDER FRIEDE, DICH ZU KÜSSEN zur Feier des zweihundertjährigen Bestehens des Augsburger Religionsfriedens in St. Petri
7. Oktober	Aufführung einer Musik zum zweihundertjährigen Bestehen des Augsburger Religionsfriedens im Gymnasium
20. Oktober	In einem Brief dankt Johann Friedrich Agricola Telemann für dessen Bestellung von 36 Exemplaren seiner Übersetzung von Pier Francesco Tosis OPINIONI DE' CANTORI ANTICHI (ANLEITUNG ZUR SINGEKUNST)
23. Oktober	Wiederholung der Kapitänsmusik im Baumhaus
13. November	Aufführung der Kantate LIEBSTER JESU, WIR SIND HIER zur Einsegnung von Johann Melchior Goeze als Hauptpastor an St. Katharinen
20. November	Brief Telemanns an den Verleger Breitkopf wegen der Druckkosten des von Breitkopf neu entwickelten Notendruckverfahrens

Tod des Sohnes Andreas (geboren 25. Mai 1715) in Ahrensbök
Markus-Passion

1756

2. Februar	In einem Brief bittet der Musiker Christoph Nichelmann Telemann, er möge sich wegen einer Anstellung für ihn verwenden
18. März	Wiederholung der beiden Passions-Oratorien vom 19. März 1755 im Drillhaus um 17 Uhr
29. März	Wiederholung von SELIGES ERWÄGEN im Anker (Hainstraße) in Leipzig; Hamburger Erstaufführung von Carl Heinrich Grauns DER TOD JESU unter Telemanns Leitung im Drillhaus um 16.30 Uhr
15. Mai	Brief Carl Heinrich Grauns an Telemann über die Aufführung von Telemanns DER TOD JESU in Berlin
26. August	Uraufführung des Oratoriums WOHL DEM VOLK, DAS JAUCHZEN KANN und der Serenata RAST, LÄRMENDE TROMMELN zum Festmahl der Bürgerkapitäne
21. September	Aufführung der Kantate OPFERE GOTT DANK zur Einsegnung von Johann Gerhard Sucksdorf in St. Maria Magdalena als Prediger der Gemeinde zu Döse, Amt Ritzebüttel
10. Oktober	Uraufführung der DONNER-ODE nach der Predigt in St. Katharinen
26. Oktober	Uraufführung des Oratoriums DER HERR HAT GROSSES AN UNS GETAN und der Serenata EDLE KRONE GRAUER HAARE zur goldenen Hochzeit des Ehepaars Lüttmann
30. Oktober	Konzert mit Werken von Händel und Telemann im Drillhaus um 17 Uhr
15. November	Konzert im Drillhaus um 17 Uhr, bei dem die

	Hochzeitsmusik vom 26. Oktober und »*ein Theil der bekannten*« DONNER-ODE wiederholt werden
29. Dezember	Brief Carl Philipp Emanuel Bachs an Telemann mit der Ankündigung einer Pflanzen(?)-Sendung
	Kantate SINGET GOTT, LOBSINGET SEINEM NAMEN zur Einweihung der Kirche in Rellingen
	Lukas-Passion

1757

8. Februar	In einem Brief bittet Johann Adolph Scheibe Telemann um ein Exemplar von dessen Passions-Oratorium DER TOD JESU
29. März	Wiederholung zweier Passions-Oratorien und der DONNER-ODE im Drillhaus um 17 Uhr
24. Mai	Mit einem Brief schickt Johann Friedrich Agricola Telemann 38 Exemplare seiner Übersetzung ANLEITUNG ZUR SINGEKUNST
14. Juni	Aufführung der Kantate ICH WILL DIE ZERFALLENE HÜTTE DAVIDS WIEDER AUFRICHTEN zur Einweihung der Kleinen St.-Michaelis-Kirche
20. Oktober	Uraufführung der TAGESZEITEN und Wiederholung von DEUS JUDICIUM TUUM und der DONNER-ODE im Drillhaus um 17 Uhr
25. Oktober	In einem Brief an den Rat bittet Telemann darum, seine ständigen Konflikte mit den Ratsdruckern nach einem von ihm vorgeschlagenen Verfahren zu regeln
11. Dezember	Aufführung der DONNER-ODE in der Berliner Petrikirche
15. Dezember	In einem Brief an den Ratssekretär Schuback wendet sich Telemann in Sachen Publikationsrechte erneut an den Rat

Kantate DE DANSKE, NORSKE OG TYDSKE UN-
DERSAATTERS GLOEDE zum Geburtstag König
Friedrichs V. von Dänemark
Johannes-Passion

1758

22. Februar	Wiederholung von SELIGES ERWÄGEN in der Kirche des Werk-, Zucht- und Armenhauses
27. November	Uraufführung des Oratoriums ENTBRANNTER ANDACHT HELLE FLAMMEN und der Serenata SANFTER BALSAM, SÜSSER FRIEDE zur goldenen Hochzeit des Ehepaars Mattfeld
21. Dezember	Wiederholung einer Musik zur »*hochzeitlichen Jubel-Feyer eines von Gott vorzüglich gesegneten Ehepaars*« im Amtshaus um 17 Uhr

Matthäus-Passion

1759

14. März	Wiederholung von SELIGES ERWÄGEN in der Kirche des Werk-, Zucht- und Armenhauses
19. März	Wiederholung der TAGESZEITEN und der DONNER-ODE im Drillhaus um 17.30 Uhr
29. März	Uraufführung der Oratorien DER MESSIAS und DAS BEFREITE ISRAEL und Wiederholung der DONNER-ODE im Drillhaus um 17.30 Uhr
5. April	Wiederholung von DER TOD JESU und Uraufführung (?) von BETRACHTUNG DER NEUNTEN STUNDE AM TODES-TAGE JESU im Drillhaus um 17.30 Uhr
9. April	Telemann nimmt die Organistenprobe in St. Jacobi ab
30. April	Wiederholung einer Musik »*zur Jubel-Hoch-*

	zeit eines vornehmen Ehepaars« im Drillhaus um 17 Uhr
9. Mai	Ramler und Lessing hören in Berlin im Haus Krauses Telemanns MESSIAS
5. Juli	In einem Brief dankt Carl Philipp Emanuel Bach Telemann, seinem Paten, für eine Geldsendung
30. August	Uraufführung des Oratoriums HERR, UNSER GOTT! und der Serenata WIR DIENEN DER FREIHEIT zum Festmahl der Bürgerkapitäne
8. November	Wiederholung der Musik zur Hochzeit Langermann sowie des Oratoriums DAS BEFREITE ISRAEL und der DONNER-ODE
	Weihnachtsoratorium DIE HIRTEN BEY DER KRIPPE ZU BETHLEHEM Markus-Passion

1760

17. März	Wiederholung von DER TOD JESU und BETRACHTUNG DER NEUNTEN STUNDE AM TODESTAGE JESU im Drillhaus um 17 Uhr
28. April	Konzert im Drillhaus um 17 Uhr, bei dem DIE AUFERSTEHUNG UND HIMMELFAHRT JESU sowie *»ein beliebtes Oster-Stück«* und die DONNER-ODE aufgeführt werden
18. September	Uraufführung des Oratoriums HERR, DU BIST GERECHT und der Serenata WIR NÄHREN, WIR ZIEREN zum Festmahl der Bürgerkapitäne
16. Oktober	Aufführung der Kantate SCHAFFET, DASS IHR SELIG WERDET zur Einsegnung von Friederich August Selle in St. Katharinen als Pastor der Gemeinde zu Döse, Amt Ritzebüttel
16. November	Telemann vollendet die Komposition der Trauermusik auf den Tod König Georgs II. von

	Großbritannien, »*meistens des Nachts, bei blöden Augen geschrieben*«
19. November	Uraufführung der Trauermusik BLEIBE, LIEBER KÖNIG, LEBEN und LIEBSTER KÖNIG, DU BIST TOT auf den Tod König Georgs II.

Lukas-Passion

1761

14. Januar	Eröffnung des neuerbauten, beheizbaren Konzertsaals »*auf dem Kamp*«
5. März	Aufführung von Carl Heinrich Grauns DER TOD JESU und »*einer Stelle*« aus Telemanns MESSIAS im neuen Konzertsaal
7. März	Wiederholung von Telemanns DER TOD JESU, der BETRACHTUNG DER NEUNTEN STUNDE AM TODES-TAGE JESU und der DONNER-ODE im neuen Konzertsaal um 17.30 Uhr
13. April	Aufführung »*eines neuen musikalischen Gedichts über die Auferstehung Christi*« und Wiederholung der TAGESZEITEN und der DONNER-ODE im Drillhaus um 17.30 Uhr
10. Mai	Tod Michael Richeys
19. Juni	Aufführung des Oratoriums DAS BEFREITE ISRAEL in Braunschweig
27. August	Uraufführung des Oratoriums FREUET EUCH DES HERRN und einer (nicht erhaltenen) Serenata zum Festmahl der Bürgerkapitäne
3. November	Uraufführung von DER FRIEDLICHE KRIEG und DON QUICHOTTE AUF DER HOCHZEIT DES COMACHO im neuen Konzertsaal um 17 Uhr

Johannes-Passion

1762

17. März	Uraufführung von DER TAG DES GERICHTS und Wiederholung der DONNER-ODE im neuen Konzertsaal um 17 Uhr
26. April	Wiederholung von DER TAG DES GERICHTS und der DONNER-ODE – »*welcher noch ein zweyter Teil hinzugefügt ist*« – im neuen Konzertsaal um 17 Uhr
18. Juni	In einem Brief an Telemann schreibt Christian Fürchtegott Gellert, er könne wegen seiner Kränklichkeit keine Texte für Kirchenmusiken Telemanns liefern
19. Oktober	Uraufführung der Kantate KOMM WIEDER, HERR zur Einweihung der wiederaufgebauten (Großen) St.-Michaelis-Kirche
	Kantaten IHR WERDET WEINEN und FREUET EUCH MIT JERUSALEM
	Matthäus-Passion

1763

10. März	Wiederholung der Kantate KOMM WIEDER, HERR zur Einweihung der wiederaufgebauten St.-Michaelis-Kirche »*als eben dem Tage, da jene vor dreyzehn Jahren eingeäschert ward*« im neuen Konzertsaal um 17.30 Uhr
7. April	Brief Telemanns an den Protoscholarchen wegen der Anstellung eines neuen Tenors
17. April	Wiederholung des Oratoriums DAS BEFREITE ISRAEL in Braunschweig
21. April	Wiederholung der Kantate HEILIG, HEILIG, HEILIG IST GOTT (26. Oktober 1747) und der DONNER-ODE im Drillhaus um 17.30 Uhr
17. Mai	Aufführung einer Musik zur Feier des Friedens

	von Hubertusburg im Hörsaal des Gymnasiums
23. Juli	Honorarabrechnung nach Aufführung einer Friedensmusik im Schloß des Grafen Schimmelmann in Wandsbeck
24. Oktober	Wiederholung von Friedrich Hartmann Grafs DIE ANKUNFT DES FRIEDENS und Telemanns DONNER-ODE im Drillhaus um 17.30 Uhr
24. November	Wiederholung von DER TAG DES GERICHTS und DAS BEFREITE ISRAEL im neuen Konzertsaal um 17 Uhr

Markus-Passion

1764

17. April	Tod Johann Matthesons
22. Mai	Uraufführung des Oratoriums DASS WIR NACH GEDÄMPFTEN KRIEGEN zur Kaiserwahl Josephs II. in St. Johannis
14. Juni	In einem Brief an den Bürgermeister beschwert sich der Pastor Melchior Goeze darüber, daß Telemann einen Choral *»verstümmelt«* habe
16. Juni	Brief Telemanns an den Rat wegen Goezes Beschwerde
23. August	Aufführung einer Jubelmusik in Altona
30. August	Uraufführung des Oratoriums DER HERR ZEBAOTH IST MIT UNS und der Serenata TROMPETEN UND HÖRNER, ERSCHALLET zum Festmahl der Bürgerkapitäne (diese Festmusik hatte Telemann im Jahr zuvor für das Convivium am 8. September schon vollendet, als das Festmahl der Bürgerkapitäne aus nicht genannten Gründen abgesagt wurde)

Lukas-Passion

1765

19. Januar	Uraufführung einer Serenata zur Zentenarfeier des Commerz-Collegiums
14. Februar	Aufführung der Kantate AUCH DIESER TAG SOLL DEINE FESTE MEHREN zur Hochzeit des späteren Kaisers Joseph II. in St. Johannis
11. April	Wiederholung der Serenata zur Zentenarfeier des Commerz-Collegiums im Drillhaus um 17.30 Uhr
15. April	Das Opernhaus am Gänsemarkt wird abgebrochen
2. Mai	Uraufführung einer Kantate zur Einsegnung von Pastor Höpfner in St. Katharinen
29. August	Uraufführung einer (nicht erhaltenen) Musik zum Festmahl der Bürgerkapitäne
6. Oktober	Uraufführung des Oratoriums WIE IST DER HELD GEFALLEN zur Trauerfeier für den am 18. August verstorbenen Kaiser Franz I.
13. November	Die wegen »kaiserlicher Trauer« nicht aufgeführte, zur Einsegnung J. H. D. Moldenhauers als Domprediger komponierte Kantate DES PRIESTERS LIPPEN SOLLEN DIE LEHRE BEWAHREN wird an diesem Tag im neuen Konzertsaal uraufgeführt; dazu wird das Oratorium WIE IST DER HELD GEFALLEN wiederholt
20. November	Telemann macht sein Testament

Orchestersuite D-dur für den Landgrafen Ludwig VIII. von Hessen-Darmstadt
Kantate INO
Lukas-Passion

1766

24. Februar	Aufführung des WECHSELGESANGS DER MIRJAM UND DEBORA aus Telemanns MESSIAS und von Pergolesis STABAT MATER – *»wozu ein deutscher Text gemacht«* – im neuen Konzertsaal
27. Februar	Gutachten Telemanns über seinen ehemaligen Schüler Caspar Daniel Crohn
3. März	Wiederholung von DER TOD JESU
4. März	Uraufführung der Kantate ERSCHEINE, GOTT DER EHRE zur Einsegnung von G. L. Herrnschmid als Pastor an St. Michaelis
10. März	Wiederholung der Kantate ERSCHEINE, GOTT DER EHRE im neuen Konzertsaal
8. Oktober	In einem Brief bittet Georg Andreas Sorge Telemann um Hilfe für seine in Not geratene Tochter und deren Kinder

Matthäus-Passion

1767

3. März	In einem Brief kündigt Georg Andreas Sorge Telemann eine neue Publikation an und bittet ihn darum, die Heimreise der erkrankten Tochter zu unterstützen
25. Juni	Georg Philipp Telemann stirbt am Abend dieses Donnerstags um 9 Uhr an einer *»Brustkrankheit«*
29. Juni	Telemann wird auf dem St.-Johannis-Friedhof beigesetzt

Markus-Passion

Bibliographie

Allihn, Ingeborg: *Georg Philipp Telemann und Johann Joachim Quantz*. Magdeburg 1971
Allihn, Ingeborg: *Telemanns methodisch-pädagogische Zielsetzung, dargelegt an den »Trietti metodichi« (1731)*. In: *Georg Philipp Telemann. Konferenzbericht der 5. Magdeburger Telemannfesttage*. Magdeburg 1975, S. 76–83
Baselt, Bernd: *Zum Typ der komischen Oper bei G. Ph. Telemann*. In: *Georg Philipp Telemann. Konferenzbericht der 3. Magdeburger Telemannfesttage*. Magdeburg 1969, Teil 1, S. 73–87
Becker, Heinz: *Das Chalumeau bei Telemann*. In: *Georg Philipp Telemann. Konferenzbericht der 3. Magdeburger Telemannfesttage*. Magdeburg 1969, Teil 2, S. 68–76
Bergmann, Walter: *Der Generalbaß in Telemanns Werken*. In: *Georg Philipp Telemann. Konferenzbericht der 3. Magdeburger Telemannfesttage*. Magdeburg 1969, Teil 2, S. 77–86
Blyvers, G.: *Andere Antwort auf Monsieur Weichmanns Schreiben vom 28. Juli betreffend dessen über den Herrn Capell-Meister M. Hn. Cantor T. ihn selber, andere, und vornehmlich einer gewissen Opera, hauptlächerlich gefälleten Urtheile*. Hamburg 1722
Braun, Werner: *B. H. Brockes' »Irdisches Vergnügen in Gott« in den Vertonungen G. Ph. Telemanns und G. F. Händels*. In: *Händel-Jahrbuch 1955*, S. 42–71
(Brockes, B. H.): *Selbstbiographie des Senators Barthold Heinrich Brockes. Mitgeteilt von J. M. Lappenberg*. In: *Zeitschrift*

des Vereins für Hamburgische Geschichte, Zweiter Band, Hamburg 1847, S. 167–229

Brockpähler, Renate: *Handbuch zur Geschichte der Barockoper in Deutschland.* Emsdetten 1964

Büttner, Horst: *Das Konzert in den Orchestersuiten Georg Philipp Telemanns.* Wolfenbüttel/Berlin 1935

Dadelsen, Georg von: *Georg Philipp Telemann, Director et Cantor Johannei.* In: *Das Johanneum N.F.* H. 70, Oktober 1967, S. 58–65

Dadelsen, Georg von: *Telemann und die sogenannte Barockmusik.* In: *Musik und Verlag. Karl Vötterle zum 65. Geburtstag am 12. April 1968.* Kassel 1968, S. 197–205

Dingedahl, Carl Heinz: *Neue Funde zur Musikgeschichte Hamburgs um 1700.* In: *Zeitschrift des Vereins für Hamburgische Geschichte.* Bd. 61, 1975, S. 117–125

Ehlers, Joachim: *Die Wehrverfassung der Stadt Hamburg im 17. und 18. Jahrhundert.* Boppard 1966

Eller, Rudolf: *Telemann, der »Vielschreiber«.* In: *Georg Philipp Telemann. Konferenzbericht der 3. Magdeburger Telemannfesttage.* Magdeburg 1969, Teil 2, S. 18–25

Finscher, Ludwig: *Der angepaßte Komponist. Notizen zur sozialpraktischen Stellung Telemanns.* In: *Musica 1969,* 23. Jg., Heft 6, S. 549–554

Fleischhauer, Günter: *Die Musik Georg Philipp Telemanns im Urteil seiner Zeit.* In: *Händel-Jahrbuch 1967, S. 173–205, und Händel-Jahrbuch 1969,* S. 23–72

Fleischhauer, Günter: *Einige Gedanken zur Instrumentation Telemanns.* In: *Georg Philipp Telemann. Konferenzbericht der 3. Magdeburger Telemannfesttage.* Magdeburg 1969, Teil 2, S. 40–67

Fleischhauer, Günter: *Einige Gedanken zur Harmonik Telemanns.* In: *Beiträge zu einem neuen Telemannbild.* Magdeburg 1963, S. 50–63

Fleischhauer, Günter: *Telemanns Journal »Der getreue Music-Meister« (1728–1729) unter musikpädagogischen Aspekten.* In: *Georg Philipp Telemann. Konferenzbericht der 5. Magdeburger Telemannfesttage.* Magdeburg 1975, S. 43–59

Frey, Max: *Georg Philipp Telemanns Singe-, Spiel- und Generalbaßübungen.* Zürich 1922
Gerber, Ernst Ludwig: *Biographisches Lexikon der Tonkünstler.* Leipzig 1790
Godehart, Günther: *Telemanns »Messias«.* In: *Die Musikforschung,* 14. Jg., 1961, S. 139–155
Grebe, Karl: *Georg Philipp Telemann.* Reinbek 1970
Große, Hans: *Telemanns Aufenthalt in Paris.* In: *Händel-Jahrbuch 1964/65,* S. 113–135
Große, Hans/Jung, Hans Rudolf (Hrsg.): *Georg Philipp Telemann, Briefwechsel. Sämtliche erreichbare Briefe von und an Telemann.* Leipzig 1972
Hamburgische Nachrichten aus dem Reiche der Gelehrsamkeit, 51. Stück, 3. Juli 1767, und 55. Stück, 17. Juli 1767
Hamburgische Neue Zeitung, 99. Stück, 26. Juni 1767
(Hirschfeld, C. C. L.:) *Gartenkalender auf das Jahr 1783, herausgegeben von C. C. L. Hirschfeld.* Altona o. J.
Hobohm, Wolf: *Verzeichnis des Telemann-Schrifttums. Auswahl.* In: *Beiträge zu einem neuen Telemannbild.* Magdeburg 1963, S. 83–95
Hobohm, Wolf: *Georg Philipp Telemann und seine Schüler.* In: *Bericht über den Internationalen Musikwissenschaftlichen Kongreß Leipzig 1966.* Kassel/Leipzig 1970, S. 260–265
Hobohm, Wolf: *Zwei Kondolenzschreiben zum Tode G. Ph. Telemanns.* In: *Deutsches Jahrbuch der Musikwissenschaft für 1969.* Leipzig 1970, S. 117–120
Hörner, Hans: *Georg Philipp Telemanns Passionsmusiken. Ein Beitrag zur Passionsmusik in Hamburg.* Borna/Leipzig 1933
Hoffmann, Adolf: *Die Orchestersuiten Georg Philipp Telemanns.* Wolfenbüttel/Zürich 1969
Husmann, Heinrich: *Beiträge zur Hamburgischen Musikgeschichte.* Hamburg 1956
Jung, Hans Rudolf: *Telemann und die Mizlersche »Societät der musikalischen Wissenschaften«.* In: *Georg Philipp Telemann. Konferenzbericht der 3. Magdeburger Telemannfesttage.* Magdeburg 1969, Teil 2, S. 87–97

Jung, Hans Rudolf: *Zur Bedeutung der »Methodischen Sonaten« G. Ph. Telemanns für die Herausbildung des »vermischten Geschmacks« und für die instrumentale Musikerziehung*. In: *Georg Philipp Telemann. Konferenzbericht der 5. Magdeburger Telemannfesttage*. Magdeburg 1975, S. 60–75

Kelter, Edmund: *Hamburg und sein Johanneum im Wandel der Jahrhunderte 1529–1929*. Hamburg 1928

Kelter, Edmund: *»Ist ein irdisch Paradies«. Dichter und Musiker der Herren Oberalten*. In: *Das Johanneum* H. 14, 1931, S. 40–44

Kinsky, Georg: *Zu Händels Briefen an Telemann*. In: *Zeitschrift für Musikwissenschaft,* Jg. 15, 1932/33, S. 32

Kretzschmar, Hermann: *Geschichte des Neuen deutschen Liedes*. Leipzig 1911

Kross, Siegfried: *Das Instrumentalkonzert bei Georg Philipp Telemann*. Tutzing 1969

Kross, Siegfried: *Zu Telemanns Konzertschaffen*. In: *Georg Philipp Telemann. Konferenzbericht der 3. Magdeburger Telemannfesttage*. Magdeburg 1969, Teil 2, S. 26–31

Kross, Siegfried: *Telemanns Stellung in der Musikanschauung der Aufklärung*. In: *Georg Philipp Telemann. Konferenzbericht der 5. Magdeburger Telemannfesttage*. Magdeburg 1975, S. 19–29

Krüger, Liselotte: *Die Hamburgische Musikorganisation im XVII. Jahrhundert*. Leipzig/Straßburg/Zürich 1933

László, Ferenc: *Georg Philipp Telemanns »12 Fantasien für Querflöte ohne Baß« (1732–1733) – eine hohe Schule der Komposition für Flöte allein*. In: *Georg Philipp Telemann. Konferenzbericht der 5. Magdeburger Telemannfesttage*. Magdeburg 1975, S. 84–92

Lessing, Gotthold Ephraim: *Kollektaneen zur Literatur*. In: *Sämtliche Schriften*. Leipzig 1900, Band 15

Marpurg, Friedrich Wilhelm: *Kritische Briefe über die Tonkunst*. Neudruck Berlin 1960

Maertens, Willi: *Telemann in Frankfurt (1712–1721) und Hamburg (1721–1767)*. In: *Georg Philipp Telemann – Leben und Werk. Beiträge zur gleichnamigen Ausstellung vom 22.6. bis*

10.9.1967 im Kulturhistorischen Museum Magdeburg. Magdeburg 1967, S. 35–56

Maertens, Willi: *Georg Philipp Telemanns Orchester-Suite mit Hornquartett. Zu ihrer Deutung und Bedeutung.* In: *Beiträge zu einem neuen Telemannbild.* Magdeburg 1963, S. 64–79

Maertens, Willi: *Georg Philipp Telemanns »Kapitänsmusiken«.* In: *Festschrift Walter Wiora.* Kassel 1967, S. 335–341

Maertens, Willi: *Georg Philipp Telemanns Hamburger »Admiralitätsmusik« 1723.* In: *Georg Philipp Telemann. Konferenzbericht der 3. Magdeburger Telemannfesttage.* Magdeburg 1969, S. 106–123

Mattheson, Johann: *Critica Musica.* Hamburg 1722

Mattheson, Johann: *Grundlage einer Ehrenpforte.* Neudruck Berlin 1910

Mattheson, Johann: *Der vollkommene Kapellmeister.* Neudruck Kassel 1954

Menke, Werner: *Das Vokalwerk Georg Philipp Telemanns. Überlieferung und Zeitfolge.* Kassel 1942

Menke, Werner: *Das Vokalwerk Georg Philipp Telemanns. Eine bibliographische Zwischenbilanz.* In: *Die Musikforschung,* 1. Jg., 1948, S. 192–194

Merbach, Paul Alfred: *Das Repertoire der Hamburger Oper von 1718 bis 1750.* In: *Archiv für Musikwissenschaft,* 6. Jg., 1924, S. 354–372

Meyer, Ernst Hermann: *Zur Telemann-Deutung.* In: *Beiträge zu einem neuen Telemannbild.* Magdeburg 1963, S. 17–22

Miesner, Heinrich: *Carl Philipp Emanuel Bach in Hamburg.* Leipzig 1930

Ottzenn, Curt: *Telemann als Opernkomponist. Ein Beitrag zur Geschichte der Hamburger Oper.* Berlin 1902

Petzoldt, Richard: *Georg Philipp Telemann – ein Musiker aus Magdeburg.* Magdeburg 1959

Petzoldt, Richard: *Telemann und seine Zeitgenossen.* Magdeburg 1966

Petzoldt, Richard: *Georg Philipp Telemann. Leben und Werk.* Leipzig 1967

Petzoldt, Richard: *Zur sozialen Stellung Telemanns und seiner Zeitgenossen.* In: *Georg Philipp Telemann. Konferenzbericht der 3. Magdeburger Telemannfesttage.* Magdeburg 1969, Teil 2, S. 5–12

Petzoldt, Richard: *Die Musik in den protestantischen Lateinschulen der Telemann-Zeit.* In: *Georg Philipp Telemann. Konferenzbericht der 5. Magdeburger Telemannfesttage.* Magdeburg 1975, S. 100–110

Pohlmann, Hansjörg: *Die Frühgeschichte des musikalischen Urheberrechts (ca. 1400–1800). Neue Materialien zur Entwicklung des Urheberrechtsbewußtseins der Komponisten.* Kassel 1962

(Prätorius, Johann Philipp): *Il Pregio del L'Ignoranza oder die Baßgeige.* Hamburg 1724

Rackwitz, Werner: *Georg Philipp Telemanns Stellung in der Epoche der Aufklärung.* In: *Händel-Jahrbuch 1971,* S. 49–56

Reincke, Heinrich: *Klemens August von Köln in Hamburg.* In: *Hamburgische Geschichts- und Heimatblätter,* 13. Jg., Nr. 4, Juli 1950, S. 108–120

Rolland, Romain: *Memoiren eines vergangenen Meisters.* In: *Musikalische Reise ins Land der Vergangenheit.* Frankfurt a.M. 1923, S. 103–145

Rouvel, Diether: *Zur Geschichte der Musik am Fürstlich Waldeckschen Hofe zu Arolsen.* Regensburg 1962

Ruhnke, Martin: *Zum Stand der Telemannforschung.* In: *Bericht über den Internationalen Musikwissenschaftlichen Kongreß.* Kassel 1962, S. 161–164

Ruhnke, Martin: *Telemann im Schatten von Bach?* In: *Hans Albrecht in memoriam.* Kassel 1962, S. 143–152

Ruhnke, Martin: *Georg Philipp Telemann.* In: *Die Musik in Geschichte und Gegenwart.* Kassel 1966, Band 13, Sp. 175–210

Ruhnke, Martin: *Telemann als Musikverleger.* In: *Musik und Verlag. Karl Vötterle zum 65. Geburtstag am 12. April 1968.* Kassel 1968, S. 502–517

Ruhnke, Martin: *Beziehungen zwischen dem Leben und dem Schaffen Georg Philipp Telemanns.* In: *Georg Philipp Tele-*

mann. *Konferenzbericht der 3. Magdeburger Telemannfesttage.* Magdeburg 1969, Teil 1, S. 50–60

Ruhnke, Martin: *Zu Ludwig Finschers neuestem Telemann-Bild.* In: *Musica 1970,* 24. Jg., Heft 4, S. 340–345

Schäfer-Schmuck, Käte: *Georg Philipp Telemann als Klavierkomponist.* Borna 1934

Scheibe, Johann Adolph: *Critischer Musicus.* 2. Aufl. Leipzig 1745

Schneider, Max: *Zur Biographie Georg Philipp Telemanns.* In: *Sammelbände der Internationalen Musikgesellschaft 1905/06 (1908).* In Neuauflage herausgegeben von Hans Joachim Moser. Wiesbaden/Graz 1958

(Schöneich, Christian von): *Merkwürdiges Ehren-Gedächtniß von dem Christlöblichen Leben und Tode des weyland klugen und gelehrten Lübeckischen Kindes, Christian Henrich Heineken.* Hamburg 1726

Schubart, Christian Friedrich Daniel: *Ideen zu einer Ästhetik der Tonkunst.* Wien 1806, S. 175–177

Schüddekopf, Carl: *Briefwechsel zwischen Gleim und Ramler.* 2. Bde. Tübingen 1906/07

Schulze, Hans-Joachim: *Dokumente zum Nachwirken Johann Sebastian Bachs 1750–1800.* Kassel/Leipzig 1972

Schulze, Walter: *Die Quellen der Hamburger Oper (1678–1738). Eine bibliographisch-statistische Studie zur Geschichte der ersten stehenden deutschen Oper.* Hamburg/Oldenburg 1938

Seiffert, Max: *Georg Philipp Telemanns »Musique de Table« als Quelle für Händel.* In Neuauflage herausgegeben und kritisch revidiert von Hans Joachim Moser. Wiesbaden/Graz 1960

Serauky, Walter: *Bach – Händel – Telemann in ihrem musikalischen Verhältnis.* In: *Händel-Jahrbuch 1955,* S. 72–101

Siegmund-Schultze, Walther: *Georg Philipp Telemann, ein Komponist der Aufklärung.* In: *Georg Philipp Telemann – Leben und Werk. Beiträge zur gleichnamigen Ausstellung vom 22.6. bis 10.9.1967 im Kulturhistorischen Museum Magdeburg.* Magdeburg 1967, S. 4–17

Siegmund-Schultze, Walther: *Telemann – Meister kunstvoller*

Popularität. In: *Georg Philipp Telemann. Konferenzbericht der 3. Magdeburger Telemannfesttage.* Magdeburg 1969, Teil 1, S. 32–47

Sittard, Josef: *Geschichte des Musik- und Concertwesens in Hamburg vom 14. Jahrhundert bis auf die Gegenwart.* Altona/Leipzig 1890

Staats- und Gelehrte Zeitung des Hamburgischen unpartheyischen Correspondenten Nr. 173, 29. Oktober 1754, und Nr. 102, 27. Juni 1767

Stein, Fritz: *Telemanns Schulmeister-Kantate.* In: *Musica,* 5. Jg., 1951, S. 64–68

Stephenson, Kurt: *Hamburg.* In: *Die Musik in Geschichte und Gegenwart.* Kassel 1956, Band 5, Sp. 1386–1415

(Telemann, Georg Philipp): *Catalogue des Œuvres en Musique de Mr. Telemann, Maitre de Chapelle & Directeur de la Musique à Hambourg, qui se vendent à Hambourg chez lui.* Amsterdam 1733

Unterhaltungen. Dritten Bandes viertes Stück. Hamburg, April 1767, S. 346–352

Unterhaltungen. Vierten Bandes erstes Stück. Hamburg, Juli 1767, S. 649

Unterhaltungen. Vierten Bandes fünftes Stück. Hamburg, November 1767, S. 1038

Unterhaltungen. Zehnten Bandes viertes Stück. Hamburg, Oktober 1770, S. 315–318

Valentin, Erich: *Georg Philipp Telemann.* 3. Aufl. Kassel/Basel 1952

Valentin, Erich: *Telemann in seiner Zeit.* Hamburg 1960

Weichmann, Christian Friedrich: *Teutsche Anmerkungen über Herrn Matthesons Antwort auf sein am 28. Julii an Denselben abgelassenes Schreiben.* Hamburg 1722

Weichmann, Christian Friedrich: *Poesie der Nieder-Sachsen.* Hamburg 1725

Wilkowska-Chominska, Krystyna: *Telemanns Beziehungen zur polnischen Musik.* In: *Beiträge zu einem neuen Telemannbild.* Magdeburg 1963, S. 23–37

Willebrand, Johann Peter: *Vermehrte Nachrichten von den An-*

nehmlichkeiten in und um Hamburg mit freundschaftlichen Erinnerungen für Fremde und Reisende. Hamburg 1783
Winckler, Johann Dietrich: *Nachrichten von Niedersächsischen berühmten Leuten und Familien.* Hamburg 1768
Wolff, Christoph: *Ein Gelehrten-Stammbuch aus dem 18. Jahrhundert mit Einträgen von G. Ph. Telemann, J. L. Weiß und anderen Musikern.* In: *Die Musikforschung,* 26. Jg., 1973, S. 217–219
Wolff, Hellmuth Christian: *Telemann in heutiger Schau.* In: *Musica III* (1949), S. 46–52
Wolff, Hellmuth Christian: *Die Barockoper in Hamburg (1678–1738).* Wolfenbüttel 1957
Wolff, Hellmuth Christian: *G. P. Telemann und die Hamburger Oper.* In: *Beiträge zu einem neuen Telemannbild.* Magdeburg 1963, S. 38–49
Wolff, Hellmuth Christian: *Das Tempo bei Telemann.* In: *Georg Philipp Telemann. Konferenzbericht der 3. Magdeburger Telemannfesttage.* Magdeburg 1969, Teil 2, S. 32–39
Zachariae, Friedrich Wilhelm: *Die Tageszeiten. Ein Gedicht in vier Bildern.* 2. Aufl. Rostock 1757
Zauft, Karin: *Telemanns Liedschaffen und seine Bedeutung für die Entwicklung des deutschen Liedes in der ersten Hälfte des 18. Jahrhunderts.* Magdeburg 1967

In dieser Bibliographie sind nur die Publikationen und Akten aufgeführt, die ich für die vorliegende Arbeit benutzt habe; sie ist also nicht vollständig. Nicht genannt sind die zahlreichen Veröffentlichungen und Akten zur Geschichte Hamburgs für die Zeit von 1721 bis 1767, aus denen das Material gewonnen wurde, um das Hamburg jener Jahre zu skizzieren. Für freundliche und geduldige Unterstützung dieser Arbeit habe ich zu danken den Damen und Herren vom Hamburger Staatsarchiv und von der Hamburger Staats- und Universitätsbibliothek, ganz besonders aber Dr. Hans-Wilhelm Eckardt vom Hamburger Staatsarchiv und Lutz Lesle von der Hamburger Musikbücherei. Zu danken habe ich auch Herrn Dr. Werner Menke für wertvolle Hinweise.

Vor allem aber gilt mein Dank Karl Grebe: Seine engagierte Telemann-Monographie gab den Anstoß, mich mit Telemanns Hamburger Jahren zu beschäftigen.

Das vorliegende Buch war schon gesetzt, als *Telemann und seine Dichter. Konferenzbericht der 6. Magdeburger Telemannfesttage 1977* (Teile 1 und 2, Magdeburg 1978) erschien. Die Ergebnisse der darin gesammelten Referate konnten leider nicht mehr berücksichtigt werden mit Ausnahme einiger Uraufführungsdaten von Festmusiken, die Telemann in Hamburg für den Eisenacher Hof komponierte. Von ihnen wurden sieben in die Telemann-Chronik eingefügt, selbstverständlich nur als Auswahl gedacht wie alle dort zusammengestellten Daten. Aufgenommen wurde auch noch das Zitat aus dem Brief Christian Gottfried Krauses vom 31. Mai 1760, der bislang unbekannt war.

E.K.

Personenregister

Adorno, Theodor W. 178
Agricola, Johann Friedrich 125, 151, 222, 224, 226
Alard, Nicolaus 211
Albedyl, Heinrich Otto Freiherr von 61
Alberti, Julius Gustav 224
Anderson, Johann 115, 219
Anna Petrowna, Herzogin von Holstein-Gottorp 190
Anton Ulrich, Erbprinz von Braunschweig-Wolfenbüttel 205
August der Starke, König von Polen (als August II.) und Kurfürst von Sachsen (als Friedrich August I.) 207, 213

Bach, Carl Philipp Emanuel 20, 117, 119, 179, 226, 228
Bach, Johann Sebastian 9, 20f., 33f., 36, 42, 43, 71, 73, 75, 84, 116–119, 129, 147, 156, 157, 165, 171, 172, 178f., 208, 211, 220f.
Bach, Wilhelm Friedemann 117
Bambamius, Hartwig 187
Bartók, Béla 13
Beethoven, Ludwig van 72, 157
Benda, Franz 219
Bernhard, Christoph 19
Blavet, Michel 84
Brade, William 18
Brahms, Johannes 157

Breitkopf, Johann Gottlob Immanuel 224
Brockes, Barthold Hinrich 9, 10, 15, 37, 44, 50, 53, 60f., 80, 86f., 96, 98–107, 109, 112, 146, 176, 183, 197, 204, 211, 216, 218
Bronner, Georg 37f.
Burmester, Hieronymus 206
Burmester, Rudolph 206
Busch, Nicolaus 188

Campra, André 190
Carl-Friedrich, Herzog von Holstein-Gottorp 190
Carpser, Peter 111f.
Carsten, Jean 97
Castel, L. B. 85f.
Christian VI., König von Dänemark 217
Cimarosa, Domenico 163
Claudius, Matthias 138, 174
Clemens August, Kurfürst von Köln 97ff., 216
Conti, Francesco 61
Corelli, Arcangelo 109
Couperin, François 82
Cramer, Johann Andreas 122, 125
Crohn, Caspar Daniel 233

Defoe, Daniel 32
Dowland, John 18
Dreyer, Johann Matthias 111

Druckenmüller, G. W. 74
Dürer, Albrecht 165

Ebeling, Christoph Daniel 127 f., 155 f.
Ebert, Johann Arnold 111, 112
Elers, Andreas 212
Elers, Anna Maria 200
Elers, Johannes Albert 206 f.
Elsas, Moritz John 172
Erbach und Limburg, Friedrich Carl Graf zu 196, 201
Ernst August, Herzog von Sachsen-Weimar 183, 186
Eschenburg, Johann Joachim 155
Essen, Michael Ernst von 140, 213

Faber, Hanns Jacob 200, 211
Fasch, Johann Friedrich 84
Fischer, Johann 74
Fleischer, Carl Conrad 20
Forchheim, J. W. 74
Forqueray, Jean Baptiste 84
Förster, Christoph 206
Franz I., römisch-deutscher Kaiser 173, 217, 232
Friedrich II., der Große, König von Preußen 119
Friedrich IV., König von Dänemark 65
Friedrich V., König von Dänemark 138, 227
Friedrich Ernst, Markgraf von Brandenburg-Culmbach 204
Fritzsch, Christian 46, 68, 69, 78, 138

Gellert, Christian Fürchtegott 151, 230
Georg I., König von Großbritannien und Kurfürst von Hannover (als Georg Ludwig) 195
Georg II., König von Großbritannien und Kurfürst von Hannover 133, 195 f., 228 f.
Georg Wilhelm, Markgraf von Brandenburg-Bayreuth 43, 185, 186, 192
Gerhardt, Paul 176
Gerike, Johann Peter 218
Gerstenbüttel, Joachim 9, 21, 29, 38 f., 182
Gleim, Johann Wilhelm Ludwig 125, 127

Gluck, Christoph Willibald Ritter von 143
Godehart, Günther 127
Gohren, Adolph Wilhelm von 205
Görner, Johann Valentin 111 f., 139, 176
Goethe, Johann Wolfgang von 139, 143, 156, 163, 178
Gottsched, Johann Christoph 72 f.
Goeze, Johann Melchior 140, 224, 231
Graf, Friedrich Hartmann 231
Graf, Johann 205, 206
Gräfe, Johann Friedrich 109 f.
Granau, Johann Adolph 209
Graun, Carl Heinrich 119–122, 132, 176 f., 212, 215, 218, 221, 222, 225, 229
Graupner, Christoph 42, 43
Grebe, Karl 161, 174
Greve, Arnold 195
Greve, Peter 98
Große, Hans 181
Grünewald, Matthias (Mathis Gothardt Neithardt) 165
Guignon, Jean Pierre 84

Haase, Peter 94
Hagedorn, Friedrich von 111 f., 223
Haid, Johann Jacob 109
Haller, Albrecht von 212, 216
Händel, Georg Friedrich 31, 50, 53 f., 72, 73, 74, 96 f., 102, 128, 147, 157, 165, 175 f., 221, 223, 225
Harper, Johann 69
Harz, Bernhard Nicolaus 220
Hasse, Johann Adolf 147, 160
Häusen, Johann 198
Haydn, Joseph 126, 134 f., 157
Hebenstreit, Pantaleon 73 f., 147, 206
Heineken, Christian Henrich 65–69, 174, 190
Heineken, Paul 52, 64, 65
Heise, Carl Johann 214
Henschen, Paul Christoph 212
Herrnschmid, G. L. 233
Hertel, Johann Wilhelm 142
Heuß, Peter 198
Hirschfeld, C. C. L. 179 f.
Höck, Heinrich 200

Höfer, Adam Christoph 219
Hoffmann s. Hofmannswaldau
Hoffmann, Ernst Theodor Amadeus 159
Hofmannswaldau, Christian Hofmann von 102
Hollander, J. R. 78, 80f., 175, 206, 209
Hornbostel, Hermann Christian 213
Hörner, Hans 170, 172, 177

Jakhel, Caspar 63
Johann Wilhelm, Herzog von Sachsen-Eisenach 182, 190
Joseph II., römisch-deutscher Kaiser 231, 232
Jung, Hans Rudolf 181

Karl VI., römisch-deutscher Kaiser 173, 213
Karl VII., römisch-deutscher Kaiser 214, 216
Kayser, Margaretha Susanna 113
Keiser, Reinhard 20, 50, 51ff., 92f., 102, 147, 179, 212
Klefeker, Johann Conrad 210
Klopstock, Friedrich Gottlieb 126, 127f.
Koch, Heinrich 200
König, Conrad 115f., 212
König, Johann Balthasar 197
König, Johann Ulrich von 149f., 203
Krause, Christian Gottfried 125f., 127, 134, 228
Kühl, Anthon 220
Kuhnau, Johann 39, 40, 147
Kuntzen, J. P. 189

Langmasius, Gottfried 201
Le Clerc, Charles Nicolas 83
Leopold, Erzherzog von Österreich 186, 192
Lessing, Gotthold Ephraim 91, 127, 140, 155, 174f., 228
Lichtensteger, Georg 22
Lohenstein, Daniel Casper von 102, 119
Losius, Johann Christoph 12
Lübeck, Vincent 20

Ludwig XIV., König von Frankreich 66
Ludwig VIII., Landgraf von Hessen-Darmstadt 143, 144, 232
Luis, Johann Hermann 214
Lully (Lulli), Jean Baptiste 109
Luther, Martin 84, 140
Lütken, Joachim 223
Lüttmann, Matthias 214

Magdalene Sibylle, Herzogin von Sachsen-Eisenach 186, 192
Marcello, Benedetto 204
Marpurg, Friedrich Wilhelm 127
Maertens, Willi 162, 181
Matheson, Catharina 140
Mattheson, Johann 20, 29–33, 50, 73, 102, 104–109, 112, 139f., 141, 164, 171, 179, 182, 189, 198, 216, 231
Mendelssohn-Bartholdy, Felix 157
Menke, Werner 176
Meyer, Adolph Friederich 202
Mizler, Lorenz Christoph 96, 215, 216, 223
Moldenhauer, J. H. D. 232
Mozart, Wolfgang Amadeus 157, 164
Mutzenbecher, Matthias 46f., 205
Mylius, Ernst Friedrich 216

Neumann, Conrad 38f., 183
Neumeister, Erdmann 9, 21, 169, 218
Neumeister, Erdmann Gottlieb 212
Neumeister, Erdmann Gottwerth 215
Nichelmann, Christoph 225

Orlandini, Giuseppe Maria 10, 182

Palm, Johann George 196
Pepusch, Johann Christoph 147
Pergolesi, Giovanni Battista 233
Peter I., der Große, Zar und Kaiser von Rußland 190
Peter II., Kaiser von Rußland 198
Petz, Johann Christoph 147
Petzoldt, Richard 171f.
Pisendel, Johann Georg 74, 84, 96, 219, 221, 222
Plumejon, Andreas 198
Porpora, Niccolò 204

Postel, Christian Heinrich 171
Prätorius, Johann Philipp 60–64
Preisler, Valentin Daniel 120
Promnitz, Erdmann II. Reichsgraf 13

Quantz, Johann Joachim 74, 223

Rambach, Johann Jakob 170
Rameau, Jean Philippe 82, 222
Ramler, Carl Wilhelm 125 f., 127, 128, 132, 134, 143, 176, 228
Rathgeber, Valentin 109
Raupach, Bernhard 190
Raupach, Georg Ehrenfried Paul 218
Reinken, Johann Adam 20
Richardi, Carl Friedrich 167, 179
Richey, Michael 55–58, 101, 114, 138, 139, 189, 205, 209, 210, 229
Riemann, Hugo 178
Rist, Johann 19, 20
Rolffsen, Franz Nikolaus 167
Rolle, Johann Heinrich 143
Rücker, Daniel 200
Rulant, Rütger 215
Runge, Daniel 178
Ruetz, Kaspar 140

Sack, August Friedrich Wilhelm 127
Sartorius, Erasmus 35
Schaar, Georg 198
Schaub, Christian Friederich 217
Scheibe, Johann Adolph 85, 110, 119, 176, 220
Schiller, Friedrich von 163
Schimmelmann, Heinrich Karl Graf von 138, 231
Schlosser, Johann Ludewig 213
Schmid, Conrad Arnold 76, 208
Schmidt, Erich Matthias 189
Schneider, Ludwig Michael 120
Schnitger, Arp 20
Schönemann, Frans Henrich 188
Schoop, Johann Paul 19
Schröder, Alexander Joachim Johann 217
Schröder, Gerhard 184, 185
Schröder, Hans 175
Schrötteringk, Johann Arnold 214
Schuback, Jacob 226

Schubart, Tobias Heinrich 198
Schubert, Franz 157
Schulze, Georg Henrich 220
Schumann, Robert 111, 157
Schuppanzigh, Ignaz 72
Schütz, Heinrich 157
Schweitzer, Albert 178 f.
Scriba, Philipp Ludolph 202
Seeland, Samuel 220
Seelen, Johann Henrich von 64, 65, 66, 67, 190, 192
Seelmann, Petrus Theodor 33, 188
Seelmann, Katherina Juliana 188
Selle, Friederich August 228
Selle, Thomas 19, 35
Sidon, Samuel Peter 19
Siegmann, Ludewig Samuel 195
Siegmund-Schulze, Walther 165
Sillem, Garlib 55, 206, 211
Simpson, Thomas 18, 74
Sorge, Georg Andreas 220, 233
Sucksdorf, Johann Gerhard 225
Sulzer, Johann Georg 127
Süßmilch, Johann Peter 127
Sperontes (Johann Sigismund Scholze) 109
Spitta, Philipp 156, 178
Stampeel, Nicolai 220
Steen, Jacob Wolter 196
Stegemann, Christian 197
Stockfleth, Daniel 215
Stölzel, Gottfried Heinrich 102
Stoppe, Daniel 111
Strauss, Richard 157

Tecklenburg, Johann Baptista 197
Telemann, Amalia Louise Juliana (erste Frau des Komponisten) 23
Telemann, Andreas 23, 94, 134, 202, 225
Telemann, Anna Clara 23, 94
Telemann, August Bernhard 23, 94, 182, 211
Telemann, Benedict Eberhard Wilhelm 78, 94, 189
Telemann, Ernst Conrad Eibert 78, 194, 195
Telemann, Friedrich Carl 23, 94, 183

Telemann, Georg Michael 134, 178, 218
Telemann, Hans 23, 94
Telemann, Heinrich (Vater des Komponisten) 10
Telemann, Heinrich Matthias 23, 94
Telemann, Johann Barthold Joachim 78, 94, 185
Telemann, Maria (Mutter des Komponisten) 10, 11, 13
Telemann, Maria Catharina (zweite Frau des Komponisten) 23, 29, 61, 78 ff., 93 f., 174 f., 209
Telemann, Maria Wilhelmina Eleonora 23, 94
Theile, Johann 20
Tielke, Joachim 20
Tilly, Johann Tserclaes, Reichsgraf von 113
Tosi, Pier Francesco 224
Traumann, Christian Urban 140, 217

Uffenbach, Johann Friedrich Armand von 59, 63, 94 ff., 185, 189, 190, 192, 194, 195, 196 f., 198, 200, 201, 204, 205, 214, 215

Valckenborgh, Johann van 25
Vivaldi, Antonio 105

Wagner, Friedrich 218

Wahn, J. M. 30
Waldeck, Carl August Friedrich Fürst von 77
Wallenstein, Albrecht Eusebius Wenzel von, Herzog von Friedland und Mecklenburg, Fürst von Sagan 113
Walther, Johann Gottfried 200 f.
Weckmann, Matthias 19 f.
Weichmann, Christian Friedrich 60 f., 147 f., 171
Werkmeister, Georg Anton 216
Wich, Cyrillo von 32
Wich, Johann von 31
Wideburg, Matthias Christoph 199
Widow, Conrad 224
Wiese, Heinrich Dieterich 55, 197, 198
Wilckens, Matthäus Arnold 198
Wilde, Johann Albert 205
Wilhelm Ernst, Herzog von Sachsen-Weimar 117
Wilhelm Heinrich, Herzog von Sachsen-Eisenach 189
Willebrand, Johann Peter 138
Wordenhoff, Hinrich 217

Zachariae, Friedrich Wilhelm 7
Zelenka, Jan Dismas 71, 219, 221
Zell, Christian 20
Zimmermann, Joachim Johann Daniel 135 f., 213 f.
Zornickel, Tobias Martin 223

Bildquellennachweis: Das Motiv auf dem Schutzumschlag zeigt die Brandstwiete in Hamburg mit der Petrikirche im Hintergrund; Gemälde von C. J. Feldt, 1775. Das vordere Vorsatzpapier gibt Telemanns Brief vom 30. Oktober 1748 an den Rat der Stadt Hamburg (siehe S. 115) wieder, das hintere den Beginn von Telemanns Kantatenpartitur KOMM WIEDER, HERR zur Einweihung der (Großen) St.-Michaelis-Kirche in Hamburg am 19. Oktober 1762 und den Anfang des Schlußchors dieser Kantate, »*Ein Vorspiel des Tages, der alles zerstöret*« (siehe S. 135 f.).

Die Vorlagen für die Abbildungen stellten zur Verfügung (in Klammern die entsprechenden Seitenverweise): Staatsarchiv Hamburg (vorderes Vorsatzpapier, 22, 26/27, 30, 41, 46/47, 52, 88, 100, 108, 121, 123, 137); Museum für Hamburgische Geschichte (Schutzumschlag, 78/79); Staatsbibliothek Preußischer Kulturbesitz, Musikabteilung, Berlin (129, hinteres Vorsatzpapier); Niedersächsisches Staatsarchiv Wolfenbüttel (76).

Die Abbildung S. 69 stammt aus der Schrift MERKWÜRDIGES EHREN-GEDÄCHTNISS von Christian von Schöneich, die Abbildung S. 166 aus dem GARTENKALENDER AUF DAS JAHR 1783, herausgegeben von C. C. L. Hirschfeld, Altona o. J.